Un tesoro de ORACIÓN

Un tesoro de ORACIÓN

E. M. Bounds

GRUPO NELSON
Una división de Thomas Nelson Publishers
Desde 1798

NASHVILLE DALLAS MÉXICO DF. RÍO DE JANEIRO BEIJING

Publicado en Nashville, Tennessee, Estados Unidos de América.
Grupo Nelson, Inc. es una subsidiaria que pertenece
completamente a Thomas Nelson, Inc.
Grupo Nelson es una marca registrada de Thomas Nelson, Inc.
www.gruponelson.com

Título en inglés: *A Treasury of Prayer*

Publicado por Bethany House,
una división de Baker Publishing Group,
Grand Rapids, Michigan 49516, EUA

ISBN: 978-1-60255-359-0

Impreso en Estados Unidos de América

09 10 11 12 13 LSI 9 8 7 6 5 4 3 2 1

Este libro está dedicado en oración

a todos aquellos que oran "Señor, enséñame a orar".

PROLOGO

La Legión Extranjera de Francia es mundialmente famosa por su *espíritu de corps* y por su arrojo temerario. Su lema es: "Si vacilo, empújenme. Si tropiezo, levántenme. Si retrocedo, dispárenme". Un grito muy distinto al modo de ser suave y sedoso del cristiano típico de nuestros días.

Un Dios soberano espera que los suyos intercedan, agonizando unos por otros en estos días temibles; en estos años 80, verdadera década demoníaca. Multitudes de cristianos están vacilando, tropezando y retrocediendo ante la triple amenaza del Comunismo Rojo, del Catolicismo Romano y del Protestantismo putrefacto. ¿Quién clama a Dios? ¿Quién se muestra preocupado, mientras la civilización en estado convulsivo se aproxima a un estrepitoso final, a un clímax que ninguna otra época de la historia ha alcanzado? "Ay, déjeme tranquilo, ¿quiere? Estoy muy ocupado haciendo dinero. . . ¿No *ve* estoy haciendo planes para las vacaciones, para divertirme? ¡Caramba! El programa de televisión más atractivo de la temporada se pasa los domingos y miércoles por la noche. ¡Ahora no me hablen de la iglesia o de la reunión de oración !

LA ORACION es nuestra única esperanza. Las naciones están perdidos y condenados a menos que cristianos nacidos de nuevo con sus espaldas contra la pared, caigan sobre sus rodillas rogando al Santo Dios misericordia.

Este Tesoro de Oración vale su peso en diamantes para todo cristiano que quiera hacer de cada página un asunto vital. Lo que dijo el gran Spurgeon respecto a Govett y sus escritos hace cien años, lo mismo puede decirse de E. McKendree Bounds: "Su pluma produjo el oro más puro". Pocos predicadores tienen acceso a los escritos de E.M. Bounds, pero aquí se presenta una colección excelente en cuanto a su estilo literario sobre abundante en cuanto a su bendición.

He tenido el privilegio de conocer desde hace varios años a Leonard Ravenhill, el autor de esta espléndida colección. Nunca olvidaré —ni podrá olvidar nadie que lo haya escuchado—, la serie de mensajes dinámicos, llenos del poder de la oración, que dio en nuestra iglesia durante diez días, mañana y tarde. Varios de nuestros jóvenes se me acercaron semanas después y me preguntaron cuándo tendríamos al reverendo Ravenhill otra vez. Reconocían su poder frente a Dios y a los hombres, pero no es ningún secreto, ni un misterio insoluble. Cree en el poder de la oración y practica lo que cree.

AHORA, cristiano, ha llegado el momento de que tú y yo pongamos a Dios a prueba. ¿Pero qué es lo que hacemos? ¡Le tentamos! Para ver hasta donde podemos llegar, lo que podemos hacer impunemente mientras las almas caen al infierno alrededor nuestro, y el grito del salmista se oye en toda la tierra: "Mira a mi diestra y observa, pues no hay quien me quiera conocer; no tengo refugio, no hay quien cuide de mi vida" (Salmo 142:4).

No estoy a favor de Voltaire, el ateo, pero su resumen de la historia es casi perfecto: "La historia es el sonido de las suaves zapatillas de raso que bajan las escaleras y el estruendo de unas botas con clavos que van subiendo". Casi puede oírse el trueno de las botas en nuestro país. ¡Cristianos! ¡En nombre de Dios, escúchenme! Ustedes y yo tenemos la clave del avivamiento en nuestra vida. "Si se humillare mi pueblo, sobre el cual mi nombre es invocado. . ." (2 Crónicas 7:14) Lee este libro, luego únete a mí en una confesión de nuestro total fracaso y roguemos a nuestro Dios soberano, por medio de su bendito Espíritu Santo: "Oh Jehová, he oído tu palabra, y temí. Oh Jehová, aviva tu obra en medio de los tiempos, en medio de los tiempos hazla conocer; en la ira acuérdate de la misericordia: (Habacuc 3:2).

—David Otis Fuller

INDICE

INTRODUCCION

En la introducción de mi libro *Revival Praying* (Cómo orar por un avivamiento) reconocía mi profunda deuda para con el Dr. E. M. Bounds por sus escritos instructivos y formativos sobre la oración. *Un tesoro de oración* ha sido entresacado de siete libros del doctor Bounds sobre el tema bíblico de la oración. Creo que mientras existan libros, los libros del E.M. Bounds subsistirán. Escribió con profundidad y con visión del futuro.

Anticipó el decaimiento de la iglesia en nuestros días. Previó proféticamente cómo se secaba la rama de la oración en el árbol de la iglesia.

En mi opinión, los escritos de Bounds sobre la oración nunca han sido superados ni igualados.

El prólogo del Dr. David Otis Fuller es incisivo y vale la pena leerlo con cuidado y le estoy agradecido por esas palabras.

No deje este libro en un estante fuera del alcance de la mano, o en cualquier parte. (1) Téngalo a mano. (2) Léalo a menudo. (3) Practíquelo siempre. Entonces tendrá éxito.

En oración suyo,
Leonard Ravenhill

RESEÑA DE E. M. BOUNDS

El reverendo Edward McKendree Bounds estaba entregado con pasión a su amado Señor y Salvador Jesucristo. Su devoción era tan extraordinaria que pasaba el tiempo orando y escribiendo sobre él, salvo cuando dormía.

Dios dio a Bounds un corazón lleno de deseo insaciable de servirle. Considero que disfrutó lo que me place llamar una inspiración trascendente, ya que de lo contrario no hubiera podido sacar de su tesoro cosas nuevas y cosas viejas más valiosas que cualquier otra cosa que hayamos conocido o leído en los últimos cincuenta años.

Bounds puede considerarse como un sobresaliente escritor de devocionales. No hay hombre que haya vivido desde el tiempo de los apóstoles que lo haya aventajado en las profundidades de su maravillosa búsqueda en la vida de oración.

Estaba diligentemente ocupado en sus manuscritos cuando el Señor le dijo: "Bien hecho, siervo bueno y fiel, entra al gozo de tu Señor". Sus cartas me llegaban a menudo en Brooklyn, N.Y., en 1911, 1912, 1913, diciéndome: Ora para que Dios me dé nuevos nervios y nuevas visiones para terminar estos manuscritos".

Wesley tenía un temperamento suave y perdonador, pero cuando se erguía no había hombre como él por "su aguda penetración y su don para hablar era tal que sacudía como el golpe de un látigo". Bounds era manso y humilde y nunca nos enteramos de que se véngase de ninguno de sus enemigos, sino que oraba clamando de día y de noche por ellos.

Wesley se dejaba fácilmente engañar. "Mi hermano —dijo Carlos Wesley con disgusto en cierta ocasión— nació para el beneficio de los estafadores". Ningún hombre podía abusar de la credulidad de Bounds, y que era extremadamente sagaz e intuitivo. Bounds escapaba de todos los fraudes profesionales y no perdía tiempo con ellos.

Wesley iba de un lado a otro y predicaba todo el día. Bounds oraba y escribía día y noche.

Wesley no permitía mala representación de sus posturas doctrinarias en sus últimos años. En este sentido Bounds se le parecía mucho.

Wesley se hizo famoso aún en vida. Siempre estaba en boca del público. Bounds, editor de *Christian Advocate* durante doce años, apenas era conocido fuera de su iglesia.

A la edad de ochenta y seis años Wesley, todavía podía predicar en las calles durante treinta minutos. Bounds, a los setenta y cinco años, era capaz de orar sobre sus rodillas durante tres horas en la madrugada.

Wesley, a la hora de su muerte, había disfrutado de las preferencias generales durante cincuenta y seis años. Su nombre era mencionado por todos. El cristianismo volvió a nacer en Inglaterra por su poderosa predicación y capacidad organizadora. Bounds fue prácticamente un desconocido durante cincuenta años, pero gracias a él la iglesia recuperará en los próximos cincuenta años, "el secreto de la Iglesia perdido y olvidado".

La piedad, el genio y la popularidad de Wesley, fluían como un río majestuoso desde su juventud. La piedad de Bounds había permanecido atada pero ahora comienza a avanzar con irresistible fuerza y pronto será el poderoso Amazonas de la vida devocional.

Henry Crabbe Robinson escribió en su diario cuando escuchó predicar a Wesley en Colchester: "Se encontraba en pie en un púlpito amplio y a cada lado había un ministro para sostenerle. Su voz era débil y apenas se le podía oir, pero su porte reverente, especialmente sus largos bucles blancos, ofrecían un cuadro difícil de olvidar". El que escribe estas líneas entregó su púlpito al reverendo E. M. Bounds apenas diez meses antes de su muerte. Su voz era débil y sus frases no eran coherentes. Su sermón sólo duraba veinte minutos, y cuando finalizaba parecía exhausto.

Wesley tuvo dinero de sobra durante toda su carrera, pero Bounds no se preocupaba del dinero. No lo despreciaba; lo consideraba el nivel más bajo de poder.

Wesley murió con "los ojos que le brillaban y los labios pronunciando una alabanza". Bounds me escribió: "Lo mejor de todo es Dios con nosotros. Cuando él esté listo yo lo estaré también añoro disfrutar el gozo del cielo".

Wesley dijo: "El mundo es mi parroquia". Bounds oraba como si el universo fuera su morada.

Wesley era la encarnación de la magnanimidad. Bounds era la encarnación de la humildad, de la negación de sí mismo del desapego a todo lo terrenal. Wesley vivirá en el corazón de los creyentes por largos años. Bounds lo hará eternamente.

Wesley duerme en los jardines de la Capilla de City Road, entre sus queridos deudos, bajo mármol, con homenajes merecidos esculpidos en prosa, esperando la resurrección. Bounds duerme en Georgia, Washington, en el cementerio, sin lápidas de mármol, esperando la llegada del esposo.

Estos dos hombres tenían ideales mucho más elevados que los de otros hombres. ¿Se ha acabado totalmente esta raza de hombres al morirse ellos dos? Oremos para que no sea así.

—Homer W. Hodge

El poder de la oración ha dominado la fuerza del fuego, amansado el furor de los leones, silenciado la anarquía, extinguido las guerras, pacificado los elementos naturales, echado fuera a los demonios, roto las cadenas de la muerte, abierto las puertas del cielo, mitigado las epidemias, espantado los fraudes, rescatado ciudades de la destrucción, detenido el curso del sol y frenado el poder del rayo. La oración es una armadura todopoderosa, un tesoro inagotable, una mina que nunca se agota, un cielo nunca oscurecido por las nubes, un firmamento sin tormentas. Es la raíz, la montaña, el origen de incontables bendiciones.

Crisóstomo

Capítulo uno

LA REALIDAD DE LA ORACION

La falta de oración produce discordia, anarquía, ilegalidad. Dentro del gobierno moral de Dios, la oración es tan fuerte y tan amplia como la ley de la gravedad en el mundo material, y es tan necesaria como ésta para mantener las cosas con vida en la atmósfera adecuada.

El lugar que ocupa la oración en el Sermón del Monte demuestra cuánto la estimaba Cristo, y la importancia que tiene dentro de su sistema. Se presentan muchos asuntos; importantes en uno o dos versículos. El Sermón del Monte tiene ciento once versículos, de los cuales dieciocho aluden directamente a la oración y otros lo hacen en forma indirecta.

Para todo hijo de Dios en todas las dispensaciones la oración es uno de los principios cardinales de la piedad. La obra de Cristo no era instaurar nuevos deberes, sino renovar, formular de nuevo, espiritualizar y reafirmar todas las obligaciones cardinales y originarios.

En Moisés se destacan los grandes rasgos de la oración. La tarea más seria y extenuante de su vida era la oración, a la que se entregó con toda la sinceridad de su alma.

A pesar de su intimidad con Dios, no disminuía su necesidad de orar. Esta intimidad sólo producía mayor comprensión de la naturaleza y la necesidad de la oración y le hacía descubrir los grandes resultados de la oración. Repasando una de las crisis por la que había atravesado Israel, cuando la propia existencia de la nación estaba en peligro, escribe: "Me postré delante del

Señor durante cuarenta días y cuarenta noches". ¡Tremenda oración y tremendos resultados! Moisés sabía cómo orar maravillosamente, y Dios sabía cómo dar maravillosas respuestas.

Toda la fuerza del contenido de la Biblia tiene como propósito nuestra fe en la doctrina de que la oración afecta a Dios, obtiene favores de Dios que no pueden obtenerse de ninguna otra manera y que no serán concedidos por Dios a menos que oremos. Todo el canon de la enseñanza bíblica ilustra la gran verdad de que Dios oye y contesta las oraciones. Uno de los grandes propósitos de Dios en su Palabra es grabar indeleblemente en nosotros la gran importancia, el inestimable valor, y la absoluta necesidad de pedirle las cosas que necesitamos para la existencia temporal y eterna. Nos urge con todas las consideraciones e insiste y previene respecto a todos nuestros intereses. Nos señala a su propio Hijo, entregado para nuestro bien, como garantía de que la oración será contestada, enseñándonos que Dios es nuestro Padre, capaz de hacer todas las cosas por nosotros mucho más de lo que padres terrenales pueden o quieren hacer por sus hijos.

Debemos comprendernos bien a nosotros mismos y comprender, también, este gran trabajo de la oración. Nuestro trabajo primordial es el de la oración, y nunca lo haremos bien a menos que nos sujetemos a él con todas nuestras fuerzas. Nunca lo haremos bien si no disponemos de las mejores condiciones para hacerlo. Satanás ha sido tan perjudicado por la buena oración, que usará todos sus recursos astutos, perniciosos y malignos para perturbar su ejecución.

Debemos atarnos a la oración con todos los lazos que consigamos. Ser exigente, puntual y recto aun en las cosas más pequeñas, es fortalecernos contra el maligno.

La oración, por juramento del propio Dios, ha sido puesta en los cimientos mismos de Dios, como su compañía eterna. "Y todo hombre orará continuamente". Esta es la condición eterna que hace avanzar su causa, y la hace poderosamente agresiva. Por ello los hombres deben orar siempre. La fortaleza, la belleza y la agresividad de esta causa residen en las oraciones de los hombres y su poder radica simplemente en el poder para orar. No se encuentra poder en ningún lugar que no sea en la oración.

"Y mi casa será llamada casa de oración para todos los hombres." Su causa está basada en la oración y avanza por los mismos medios.

La oración es un privilegio, sagrado y majestuoso, además de ser un deber, una obligación imperativa, muy imperativa, por lo cual debemos cumplirla. Pero la oración es más que un privilegio, más que un deber. Es un medio, un instrumento, una condición. No orar es perder mucho más que por el incumplimiento de un ejercicio o el disfrute de un elevado y dulce privilegio. No orar es fallar en un nivel mucho más importante aun que el de pasar por alto una obligación.

La oración es la condición establecida para obtener la ayuda de Dios. Esta ayuda es tan polifacética e ilimitada como la capacidad de Dios, y tan variada e inagotable como la necesidad del hombre. La oración es el camino mediante el cual Dios satisface los deseos del hombre.

La oración es el canal por el cual todo bien fluye desde Dios al hombre y todo bien fluye entre los hombres. Dios es el Padre del cristiano. El pedir y el recibir están dentro de esta relación.

El hombre es el primer interesado en este grandioso trabajo de la oración, que ennoblece la razón del hombre para usarla en la oración. El oficio y la tarea de orar es el compromiso más divino para el intelecto humano. La oración hace resplandecer la razón del hombre y la inteligencia más elevada aprueba la oración. El más sabio de los hombres es el que ora más y mejor, ya que la oración es escuela de sabiduría tanto como de piedad.

La oración no es un cuadro para sostener, mirar y admirar. No es belleza, colorido, forma, actitud, imaginación o genio, pero estas cosas no están relacionadas con su carácter y a su conducta. No es poesía ni música; su inspiración y su melodía vienen del cielo. La oración pertenece al Espíritu y en ocasiones se apodera del espíritu y lo moviliza con propósitos santos y elevados.

Las posibilidades y necesidades de la oración están grabadas en los fundamentos eternos del Evangelio, siendo la base de la relación establecida entre el Padre y el Hijo y del pacto establecido entre ambos, y es la condición del avance y el éxito del evangelio. La oración es también la condición por la cual todos los enemigos son vencidos y se obtienen todas las herencias.

Aunque resulten muy sencillas, éstas son verdades axiomáticas. Pero en esta época es preciso subrayar, reforzar y repetir una y otra vez los axiomas bíblicos. Hasta el mismo aire está cargado de influencias, prácticas y teorías que minan los fundamentos y las verdades más reales y los axiomas más evidentes se someten a ataques insidiosos e invisibles.

Aun más: la tendencia de estos tiempos es la de efectuar ostentosas demostraciones de *acción*, lo cual debilita la vida y disipa el espíritu de oración. Puede haber gente que se arrodille o esté de pie en actitud de oración. Puede haber otros con las cabezas inclinadas y sin embargo, quizás no haya nada de oración seria y real.

La oración es verdadero trabajo.

La oración es trabajo vital.

La oración alberga la verdadera esencia de la adoración.

¿Quién puede acercarse a la presencia de Dios en oración? ¿Quién puede venir ante el Gran Dios, el Creador de todo el universo, el Dios y Padre de nuestro Señor Jesucristo, que tiene en sus manos todo lo bueno, que es todo poderoso capaz de hacer todas las cosas? ¡Cuánta humildad, honestidad, limpieza de manos y pureza de corazón requiere y exige el acercamiento del hombre a este gran Dios!

La definición de la oración no se encuentra en ningún punto específico de toda la Biblia.

En todas partes advertimos que *es más importante y urgente la oración de hombres, que la adquisición de habilidades en la didáctica homilética de la oración.*

Este es un asunto del corazón, no de las escuelas. Es más un sentimiento que una cuestión de palabras.

La oración es la mejor escuela donde aprender a orar, el mejor diccionario para definir el arte y la naturaleza de la oración.

Repetimos y reiteramos. La oración no es un mero hábito, marcado por la costumbre y la memoria, algo con lo que debe cumplirse, y cuyo valor depende de la limpieza y perfección con que se lleva a cabo. La oración no es una obligación para cumplir, para liberarse del compromiso y acallar la conciencia.

La oración no es un mero privilegio, una sagrada indulgencia de la cual aprovecharse, cuando sobre el tiempo, cuando agrade hacerlo, cuando apetezca hacerlo, sin que se pierda nada serio cuando no se ponga en práctica.

La oración es un solemne servicio que se le debe a Dios, una adoración, un modo de acercarse a Dios para hacer un pedido, la expresión de un deseo, o de una necesidad a Aquel que suple todas las necesidades y satisface todos los deseos; que como Padre, encuentra su máxima satisfacción en conceder los deseos de sus hijos.

La oración es la solicitud de niño, no al viento, no al mundo, sino al Padre.

La oración muestra los brazos extendidos del hijo pidiendo la ayuda del Padre.

La oración es el clamor del hijo, llamando al oído del Padre, al corazón del Padre, a la habilidad del Padre, y el Padre le oirá, lo sentirá y lo aliviará.

La oración es la búsqueda del mayor y más grandioso bien de Dios, que no vendrá a menos que oremos.

La oración es un clamor ardiente y confiado a Dios por algo específico. La regla de Dios es contestar la oración otorgando aquello concreto que le hemos pedido con el cual pueden venir también muchos otros dones y gracias.

La fortaleza, la serenidad, la dulzura y la fe pueden venir como soportes de los dones; con todo, vienen porque Dios oye y contesta la oración.

La revelación no se explaya en sutilezas filosóficas, ni en prolijos discursos verbales ni en discusiones interminables, sino que descubre relaciones, declara principios, señala deberes. El corazón debe definir y la experiencia debe realizar.

Pablo apareció demasiado tarde en escena como para definir la oración. Lo que había sido tan bien hecho por los patriarcas y los profetas no necesitaba del recurso del diccionario. Cristo mismo es la ilustración y la definición de la oración. Y El Oró como ningún otro hombre lo ha hecho.

Puso a la oración a un nivel más elevado, con resultados más notables.

Cristo enseñó a Pablo a orar revelándose a sí mismo, que es

el primer llamamiento a la oración y la primera lección al respecto.

La oración, como el amor, es demasiado etérea y celestial para ser sostenida por los fríos andamiajes de las definiciones. Pertenece al cielo, al corazón y no sólo a las palabras y a las ideas.

La oración no es una insignificante invención del hombre, un caprichoso alivio para enfermedades imaginarias.

La oración no es un acto melancólico, muerto y morboso, es Dios capacitando al hombre para la acción, es vida y donación de vida, es gozo y motivo de gozo.

La oración es el contacto de un alma viviente con Dios. Mediante la oración Dios se inclina para besar al hombre, para bendecirlo, para ayudar al hombre en todo lo que El puede proporcionar o el hombre puede necesitar.

La oración llena el vacío del hombre con la plenitud de Dios, llenando la pobreza del hombre con las riquezas de Dios. La oración aleja toda la debilidad del hombre al acercar la fortaleza de Dios.

La oración ahuyenta la insignificancia del hombre con la grandeza de Dios. La oración es el plan de Dios para suplir la continua e inmensa necesidad que tiene el hombre, con la continua y enorme abundancia de Dios.

¿Cuál es esta oración a la que son llamados los hombres. No es una mera formalidad, un juego de niños, es algo serio, difícil de lograr: es el trabajo más grande, más fuerte, más celestial que el hombre puede hacer.

La oración eleva al hombre sobre lo terrenal y lo vincula con lo celestial. Los hombres no pueden estar nunca más cerca del cielo, más cerca de Dios, ni ser más semejantes a Dios, en comunión más profunda y real con Jesucristo, que cuando están orando. El amor, la filantropía, las parejas santas, todos ellos son de ayuda y aportan ternura al hombre, pero todos nacen y se perfeccionan a través de la oración.

El amor no es meramente un asunto de obligación, sino de salvación. ¿Son salvos los hombres que no son hombres de oración? ¿No es un elemento o una característica de la salvación del don, la inclinación, el hábito de la oración? ¿Es posible tener afinidad con Jesucristo sin estar en constante oración? *¿Es posible tener el Espíritu Santo y no tener el espíritu de oración?* ¿Es posible haber nacido de nuevo y no haber nacido a la oración? ¿No son coordenadas y coherentes la vida del Espíritu y la vida de oración? ¿Puede haber amor fraternal en un corazón que no ha sido enseñado en la oración?

En el Nuevo Testamento se nombran dos tipos de oración: la oración y la súplica.

La oración denota un sentido general del término y la súplica es una forma especial y más intensa de oración. Ambas, la súplica y la oración, debieran combinarse. Entonces tendríamos la devoción más amplia y dulce y la súplica revelaría la más sincera y personal sensación de necesidad. "La oración nos da ojos para ver a Dios. Orar es ver a Dios". La oración es conocimiento de lo externo y de lo interno; es total vigilancia hacia afuera y total vigilancia hacia adentro. No puede haber oración inteligente sin conocimiento de uno mismo, por lo tanto debemos sentir y conocer nuestra condición interior y nuestras necesidades personales.

El ministerio exige oración. El ministerio es una forma superior de vida, siendo la oración la forma más elevada de la inteligencia, la más profunda sabiduría, el gozo más vital, la vocación más poderosa y eficaz. Es una vida radiante, elevada y eterna. ¡Adiós a los hábitos fríos, las formalidades rígidas y muertas en la oración! ¡Adiós a la rutina estéril, con demostraciones sin sentido y juegos insignificantes en la oración!

Dispongámonos a trabajar en la tarea primordial de todo *hombre, que es la oración*. Pongamos, pues, en ello toda nuestra habilidad.

Procuremos ser diligentes en este gran trabajo de la oración. Seamos maestros en el elevado arte de la oración, en el hábito de la oración, tan entregados a ella, tan llenos de sus ricos condimentos, tan inflamados por su sagrada llama, que todo el cielo y la tierra se perfuman con su aroma, y las naciones aun no nacidas sean bendecidas por nuestras oraciones. Si hemos vivido una vida de oración, el cielo estará más radiante y lleno de habitantes gloriosos; la tierra estará mejor preparada para el día de su unión con el Esposo, y se arrebatarán muchas víctimas al infierno, porque hemos vivido para orar.

La pobreza de espíritu conduce a la verdadera oración. "Bienaventurados los pobres en espíritu, porque de ellos es el reino de los cielos." "Pobres" significa indigentes, mendigos, aquellos que viven de la limosna de otros, que viven mendigando. El pueblo de Cristo vive pidiendo. "La oración es el aliento vital del cristiano". Es su herencia abundante, su pensión diaria.

Por su propio ejemplo, Cristo ilustra la naturaleza y la necesidad de la oración. En todas partes declara que aquel que esté en la misión de Dios en este mundo debe orar. Es un ilustre ejemplo del principio de que cuanto más entregado a Dios está un hombre, tanto más orará. Cuanto más cerca del cielo, más lleno del Espíritu del Padre y del Hijo, tanto más orará. Y a la inversa, también es cierto que cuanto más ora, más del Espíritu del Padre y del Hijo recibirá. Durante los grandes sucesos y momentos mas vitales de la vida de Jesús le encontramos orando —al comienzo de su ministerio, a orillas del Jordán, cuando el Espíritu Santo descendió sobre él; justo antes de la transfiguración, en el Jardín de Getsemaní. Bien se aplican aquí las palabras de Pedro: "Nos dejó ejemplo, para que anduviéramos en sus pisadas".

Respecto a la oración hay un principio importante que se encuentra en los milagros de Cristo. Es la naturaleza progresiva de la respuesta a la oración. Dios no siempre da de una vez la respuesta completa sino progresivamente, paso a paso. Marcos 8:22 describe un caso que ilustra esta importante verdad, muchas veces olvidada.

¿Cuáles son las limitaciones de la oración? ¿Hasta dónde pueden alcanzar sus beneficios y sus posibilidades? ¿Qué aspecto de la relación de Dios con el hombre y el mundo no resulta afectada por la oración? ¿Cubre la oración todos los asuntos temporales y espirituales? Las respuestas a estas preguntas son de primordial importancia. La respuesta indicará la medida de nuestro esfuerzo y resultados de la oración. La respuesta realzará el valor de la oración o bien lo disminuirá tremendamente. Las respuestas a estas importantes preguntas se tratan a fondo en las palabras de Pablo sobre la oración: "Por nada estéis afanosos, sino sean conocidas vuestras peticiones delante de Dios en toda oración y ruego, con acción de gracias" (Filipenses 4:6).

"Cristo es todo. En el estamos completos, que es la respuesta a toda necesidad, el perfecto Salvador. No necesita ningún adorno para realzar su belleza, ningún sostén para aumentar su estabilidad, ningún apoyo para perfeccionar su fuerza. ¿Quién puede dar brillo al oro refinado, blanquear la nieve, perfumar la rosa o realzar los colores de la puesta del sol? ¿Quién sostendrá las montañas o ayudará a los abismos? No se trata de Cristo y la filosofía, Cristo y el dinero, la cultura, la diplomacia, la ciencia, la organización. Es Cristo solo. El solo holló las uvas. Su brazo solo trajo salvación. El es suficiente. Es el bienestar, la fuerza, la sabiduría, la justicia, y la santificación de todo hombre". C.L. Chilton.

La oración es el negocio de Dios que puede ser atendido por los hombres. La oración es un negocio necesario para Dios, que sólo los hombres pueden y deben hacer.

Los hombres que pertenecen a Dios están obligados a orar. No están obligados a enriquecerse, ni a ganar dinero. No están obligados a tener éxito en los negocios. Estas son cosas incidentales, ocasionales, meramente nominales, en cuanto se refiere a la integridad para con el cielo y para con Dios. Para Dios el éxito material no tiene importancia, ya que los hombres no son mejores ni peores con estas cosas o sin ellas. No son fuentes de reputación ni rasgos de carácter en la categoría celestial.

Dios está profundamente interesado en que los hombres oren, ya que son mejorados con la oración y el mundo mejora por la oración. Dios hace su mejor obra para el mundo mediante la oración.

La mayor gloria de Dios y las más grandes bendiciones del hombre se alcanzan por medio de la oración. La oración hace santo al hombre y santifica al mundo.

Las promesas de Dios descansan como gigantescos cadáveres entregados a la corrupción y al polvo, a menos que los hombres se las apropian y les den vida mediante la sincera y constante oración.

Las promesas son como semillas sin sembrar, que contienen el germen de la vida, pero necesitan el terreno y el cultivo de la oración para que puedan germinar y crecer.

La oración es el aliento vivificante de Dios.

Los propósitos de Dios avanzan por el camino trazado por la oración hacia su glorioso destino. Los propósitos de Dios están siempre moviéndose hacia su meta elevada y misericordiosa, pero el movimiento a lo largo del camino está marcado por la oración incesante, y que el hálito de oración en el hombre proviene de Dios.

Dios participa de lleno en todo lo que tenga que ver con la oración y con el que ora. Para el que ora, mientras lo hace, el tiempo le parece sagrado porque es el tiempo de Dios. Es una oportunidad sagrada porque es la ocasión en que el alma se aproxima a Dios y trata con Dios.

No hay hora más sagrada que esa porque es la oportunidad más excelsa para el alma que se acerca a Dios y recibe la absoluta revelación de Dios.

Es en el tiempo de oración cuando el hombre resulta más bendecido porque en la oración Dios participa con el en toda su plenitud.

La oración produce y mide el acercamiento de Dios.

Quien no sabe orar no conoce a Dios.

Nunca ha visto a Dios quien no ha cerrado sus ojos ante Dios en su habitación.

Dios se manifiesta en la habitación privada y su morada es en lo secreto. "El que habita al abrigo del Altísimo morará bajo la sombra del Omnipotente".

No ha estudiado nunca a Dios quien no ha permitido que la oración amplíe, fortalezca, aclare y eleve su intelecto. El Dios todopoderoso ordena la oración y la espera para indicar su camino.

Para Dios, la oración es lo que era el incienso en el templo judío, que impregna todo, con su perfume y todo lo dulcifica.

Las posibilidades de la oración cubren todos los propósitos de Dios en Cristo.

Dios nos estimula a orar, no sólo por la certidumbre de la respuesta, sino por la generosidad de sus promesas y la liberalidad del dador. ¡Que majestuosa promesa: "todas las cosas. . ."! Y si agregáramos a la palabra "todo", la promesa de darnos "cualquier cosa", sin excepción y sin límites, entonces la promesa se hace específica y detallada.

El desafío que Dios nos hace es: "Clama a mí, y yo te responderé, y te enseñaré cosas grandes y ocultas que tú no conoces".

Dios nos prometió todo a través de la oración porque había dado todas las cosas en su Hijo. Maravilloso obsequio —¡su Hijo! La oración es tan ilimitada como su propio y bendito Hijo. No hay nada en el cielo ni en la tierra, ni en todo el tiempo ni en la eternidad, que el Hijo de Dios no haya obtenido para nosotros. Por medio de la oración Dios nos da la extensa e incomparable herencia que es nuestra por su Hijo. Dios nos convoca a venir "humildemente ante el trono de gracia". Glorificamos a Dios y honramos a Cristo cuando pedimos ampliamente.

Lo que es cierto respecto a las promesas de Dios es igualmente cierto respecto a sus propósitos. Podemos decir que Dios no hace nada si no oramos y sus propósitos más benditos están supeditados a la oración. Las maravillosas promesas del capítulo 36 de Ezequiel están sujetas a esta condición: "Así ha dicho Jehová el Señor: Aún seré solicitado por la casa de Israel, para hacerles esto".

La oración afecta a Dios aún más poderosamente que sus propias intenciones. La voluntad de Dios, sus palabras y sus propósitos están sujetos a revisión cuando aparecen las poderosas potencias de la oración. El poder de la oración queda demostrado al ver cómo Dios deja a un lado sus propios propósitos ya declarados en respuesta a la oración. Todo el plan de la salvación se hubiese bloqueado si Jesús hubiera orado pidiendo las doce legiones de ángeles para expulsar y derrotar a sus enemigos.

El ayuno y las oraciones del pueblo de Nínive cambiaron el propósito que Dios tenía de destruir la malvada ciudad después que Jonás había clamado ante ellos: "De aquí a cuarenta días Nínive será destruída".

El Dios todopoderoso se interesa en nuestras oraciones, las desea, las ordena, y las inspira. Jesucristo que está en el cielo, está orando constantemente, ya que la oración es su ley y su vida.

El Espíritu Santo nos enseña a orar y ora con "gemidos indecibles".

Todo esto muestra el profundo interés de Dios en la oración, mostrando claramente cuán vital es para su obra en el mundo y cuán lejos alcanza. La oración está en el centro mismo del corazón y la voluntad de Dios respecto a los hombres. "Estad siempre gozosos. Orad sin cesar. Dad gracias en todo, porque esta es la voluntad de Dios para con vosotros en Cristo Jesús".

La oración es el corazón enviando sus pulsaciones plenas y felices hacia Dios a través de corrientes de gozo y gratitud.

En la oración se honra el nombre de Dios. Por la oración se hace real el reino de Dios y su reino se afirma con poder y se moviliza con un poder vencedor más veloz que la luz. Por la oración se cumple la voluntad de Dios.

Por la oración el trabajo diario se santifica y enriquece, se asegura el perdón y se derrota a Satanás.

La oración concierne a Dios y concierne al hombre en todo. Nada es demasiado bueno para que Dios nos lo dé en respuesta a la oración. No hay sentencia pronunciada por Dios, por terrible que sea, que no pueda rectificarse ante la oración. No hay justicia por airada que sea que no se apacigue ante la oración.

Las posibilidades de la oración están demostradas por la promesa ilimitada, la disposición y el poder de Dios para responder a la oración, para responder a toda oración, para responder a cada oración, y para suplir totalmente las ilimitadas necesidades del hombre. Nadie está tan necesitado como el hombre, y nadie está tan dispuesto y es tan capaz de satisfacer cada necesidad y cualquier necesidad como Dios.

Jesucristo, el hombre divino, murió por todos los hombres y su vida es una intercesión por todos los hombres; su muerte es una oración por todos los hombres. Estando en la tierra, para Jesucristo no había ninguna ley superior, ninguna obra más santa, ninguna vida más celestial que la de rogar por los hombres. Los cielos no conocen estado más majestuoso, ni tema más elevado que interceder por los hombres. En la tierra vivió, oró y murió por los hombres. Su vida, su muerte y su exaltación son un ruego por los hombres.

¿Hay alguna obra más excelente para un discípulo que la

que hizo su Señor? ¿Hay algún empleo más elevado, más honorable, más divino, que orar por los hombres? ¿Algo más excelso que tomar sus miserias, sus pecados, sus peligros y llevarlos ante Dios, identificándonos con Cristo? ¿Hay algo mejor que destruir la esclavitud que los ata, el infierno que los encarcela y llevarlos a la inmortalidad y la vida eterna?

En el ejemplo y la enseñanza de Jesucristo, la oración se muestra en su relación normal con la persona de Dios, los movimientos de Dios y el Hijo de Dios. Jesucristo fue el maestro de la oración en preceptos y en ejemplo. Se nos ofrecen algunos vistos de su vida de oración que nos indican cuán llenas de oración estaban las páginas, los capítulos y los volúmenes de su vida. El sumario, que cubre no tan solo un fragmento, sino toda su vida y carácter, es preeminentemente la oración.

"En los días de su carne", se lee en el divino resumen, "ofreciendo ruegos y súplicas con gran clamor y lágrimas. . ." El suplicante entre los suplicantes, fue el intercesor entre los intercesores. Del modo más humilde se acercaba a Dios y con fuertes súplicas oraba y suplicaba.

Jesucristo enseña la importancia de la oración por la urgencia con que insta a sus discípulos a orar, pero nos muestra más que eso. Nos muestra de qué manera la oración forma parte de los propósitos de Dios. No debemos olvidar que la relación entre Jesucristo y Dios es la relación entre el pedir y el dar; el Hijo siempre pide y el Padre siempre da. No olvidemos que Dios ha condicionado las fuerzas conquistadoras, expansivas y enriquecedoras de la causa de Cristo en la oración. "Pídeme, y te daré por herencia las naciones, y como posesión tuya los confines de la tierra".

Cristo pone la oración entre las promesas del pacto, no la deja a merced de la ley natural. La ley de la necesidad, de la demanda y de la provisión, de la impotencia, de los instintos naturales, o la ley del privilegio dulce, elevadas y atractivas por más fuertes que sean como impulsos que llevan a la acción, no son, sin embargo, las bases de la oración. Cristo la coloca como ley espiritual. Los hombres deben orar, pero no hacerlo simplemente no es una privación, omisión, sino la violación de una ley de la vida espiritual, un crimen que produce desorden y ruina. La oración es una ley que tiene alcance universal y eterno.

La enseñanza de Jesucristo en cuanto a la naturaleza y la necesidad de orar es realmente notable. Ordena a los hombres que vayan a sus habitaciones privadas. *La oración debe ser un ejercicio sagrado, sin ningún destello de vanidad y orgullo. Debe ser secreta.* El discípulo debe vivir en secreto, pero Dios vive allí, se le busca allí y se le encuentra allí. El mandamiento de Cristo respecto a la oración es que deben evitarse el orgullo y la publicidad, puesto que la oración debe ser privada. "Mas tú, cuando ores, entra en tu aposento, y cerrada la puerta, ora a tu Padre que está en secreto; y tu Padre que ve en lo secreto te recompensará en público".

En la oración, Cristo elimina toda autosuficiencia, todo orgullo y todos los valores espirituales. Los pobres en espíritu son los que oran y los mendigos son los príncipes de Dios. Son los herederos de Dios. Cristo quitó la basura de las tradiciones y los oropeles judíos del altar de oración.

El que pretende orar a Dios con un espíritu airado, con labios irreverentes, con corazón vengativo, con enojos pendientes, desperdicia su esfuerzo y le resulta peor que no haberlo hecho, ya que añade a su pecado.

La oración debe hacerse; Dios quiere que se haga. El la ordena, el hombre la necesita y debe hacerla. No cabe duda de que dará resultado, ya que Dios garantiza que los habrá si el hombre persevera con sinceridad en la oración.

Después de enseñar "Pedid y se os dará", Jesucristo estimula a orar más y con verdadera honestidad. Repite y afirma con seguridad: "Porque todo aquel que pide, recibe". No hay excepciones. "Todos." "El que busca, halla". Aquí está otra vez la promesa, sellada y confirmada con infinita veracidad. Luego cerrada, firmada y sellada con firmeza divina: "Al que llama, se le abrirá".

¡Fíjese que se nos estimula a orar en nuestra relación con Dios! "Pues si vosotros, siendo malos, sabéis dar buenas dádivas a vuestros hijos, ¿cuánto más vuestro Padre que está en los cielos dará buenas cosas a los que le pidan?"

Lucas relata que cuando Jesús oraba en cierto lugar, uno de

sus discípulos le dijo al terminar: "Señor, enséñanos a orar." Este discípulo le había escuchado predicar, pero no había sentido el deseo de decir: "Señor, enséñanos a predicar." Podía aprender a predicar estudiando los métodos del Maestro, pero había algo respecto a la oración de Jesús que hacía que el discípulo sintiera que no sabía orar. Hay algo profundo respecto a la oración que no aparece a la vista. Para aprenderlo, hay que llegar hasta las profundidades del alma y subir hasta las alturas de Dios.

El divino Maestro de la oración se pone como ejemplo para dejar claro que Dios contesta la oración de forma inevitable, cierta y segura; es deber del hijo pedir, insistir y el Padre está obligado a contestar y dar lo solicitado. En la enseñanza de Cristo, la oración no es un gesto estéril, vano, un mero rito, una formalidad, sino un requisito para recibir una respuesta, un ruego para obtener una ganancia, la búsqueda de una gran bendición de Dios. Es un ejemplo de recibir aquello que hemos pedido, a encontrar aquello que buscamos, de entrar por la puerta a la que hemos llamado.

El llevar frutos está directamente relacionado con la oración: "No me elegisteis vosotros a mí, sino que yo os elegí a vosotros, y os he puesto para que vayáis y llevéis fruto, y vuestro fruto permanezca; para que todo lo que pidiéreis al Padre en mi nombre, él os lo dé. "Los que no tienen fruto no pueden orar, sólo puede orar quien tiene la capacidad y vive la realidad de llevar fruto. No es simplemente haber llevado fruto, sino llevarlo actualmente: "que vuestro fruto permanezca." El fruto, producto de la vida, es condición de la oración. Una vida suficientemente vigorosa como para llevar fruto, mucho fruto, es condición y fuente de oración. "En aquel día no me preguntaréis nada. De cierto, de cierto os digo, que todo cuanto pidiéreis al Padre en mi nombre, os lo dará. Hasta ahora nada habéis pedido en mi nombre; pedid y recibiréis para que vuestro gozo sea cumplido." "En aquel día no me preguntaréis nada."

No se trata de resolver acertijos ni de revelar misterios, ni de hacer preguntas complicadas. No es esta nuestra actitud ni asunto nuestro que debemos hacer bajo la dispensación del Espíritu, sino orar, orar constantemente. La oración real y abundante aumenta el gozo del hombre y la gloria de Dios.

"Como él oraba", así debemos orar nosotros. Si oráramos como Cristo oró, debemos ser como Cristo fue, vivir como El vivió. El carácter de Cristo, su vida, su espíritu, deben ser nuestros si oramos como Cristo, y nuestras oraciones serían contestadas como El vio contestadas sus oraciones. Aun ahora en el cielo a la diestra del Padre, la obra de Cristo es orar. Si realmente somos suyos, si le amamos, si vivimos para El, y si vivimos cerca de El, nos contagiaremos de su vida de oración, tanto la de la tierra como la del cielo. Aprenderemos su ministerio y continuaremos su obra en la tierra.

Jesús amó a todos los hombres, gustó la muerte por todos los hombres e intercede por todos. Preguntémonos: ¿somos imitadores, representantes, delegados de Jesucristo? Entonces nuestras oraciones deben parecerse a las suyas en toda la extensión de su obra redentora. La sangre redentora de Cristo santifica y da eficiencia a nuestras oraciones. Nuestras oraciones deben ser tan universales, tan amplias y tan humanas como fue la persona de Cristo hombre. La intercesión del pueblo de Cristo debe dar fluidez y rapidez a la obra de Cristo, llevando su sangre redentora hasta sus últimas y benignas consecuencias, ayudando a romper las cadenas del pecado en toda alma redimida. Debemos orar con una actitud compasiva, de lágrimas y oración como tuvo Cristo.

La oración de Cristo era real, ningún hombre oró como lo hizo él. La oración pesaba sobre él como una obligación solemne, ineludible, tanto como un privilegio real en el que toda la dulzura estaba condensada, atractiva y absorbente. La oración fue el secreto de su poder, la ley de su vida, la inspiración de su obra, el origen de su bienestar, su gozo, su comunión y su fuerza. Para Jesucristo la oración no era un asunto secundario, sino algo primordial y exigente, una necesidad, una vida, la satisfacción de un anhelo irrefrenable, y la preparación para sus pesadas responsabilidades.

La oración era apartarse con el Padre en consejo y en comunión, con verdadero gozo y vigor. Las pruebas presentes, la gloria futura la historia de su Iglesia, las luchas y peligros de sus discípulos en todos los tiempos y hasta el fin del tiempo

—todas estas cosas nacían y tomaban forma en sus oraciones. Nada es tan notable en la vida de nuestro Señor como la oración.

Pablo resume en una breve frase el hábito de oración de nuestro Señor en Hebreos 5:7: "Y Cristo, en los días de su carne, ofreciendo ruegos y súplicas con gran clamor y lágrimas al que le podía librar de la muerte, fue oído a causa de su temor reverente." En esta descripción de la oración del Señor vemos la manifestación de grandes fuerzas espirituales. Oraba con "ruegos y súplicas," no con un esfuerzo formal y tentativo. Fue intenso, personal y real, rogando el bien de Dios. Tenía una gran necesidad y debía clamar con lágrimas, pero las mismas lágrimas lo fortalecían. El Hijo de Dios luchaba en agonía, su oración no fue simplemente una representación. Su alma estaba comprometida, y toda su fuerza y poder estaban agotadas en extremo. Detengámonos y observemos a Jesús para aprender a orar con sinceridad. Aprendamos cómo obtener en la agonía de la oración aquello que parece estarnos vedado. La palabra "temor" es una hermosa palabra, en el Nuevo Testamento aparece sólo dos veces —el temor de Dios.

Jesucristo fue siempre un hombre ocupado, pero nunca demasiado ocupado para orar. "La obra más divina llenaba su corazón y llenaba sus manos, consumía su tiempo, *pero en él, ni siquiera la obra de Dios podía ocupar el lugar de la oración*. Salvar a la gente del pecado o del sufrimiento no debía, ni siquiera en Cristo, sustituir a la oración o reducir el tiempo ni la intensidad del momento más sagrado. Llenaba el día de servicio a Dios; empleaba la noche para orar a Dios. El día de trabajo hacia que la noche de oración fuera una necesidad y la noche de oración santificada daba éxito a la labor del día. El estar demasiado ocupados para orar provee al cristianismo de un entierro, y de todos modos acaba con ella."

Las palabras de oración de Jesús eran palabras sagradas. Por ellas Dios habla con Dios, y por ellas Dios se revela y muestra y estimula la verdadera oración. Esta es la oración en su forma más pura y su mayor potencia. Los cielos y la tierra se detendrían para escuchar las palabras de oración del que era verdaderamente Dios y totalmente hombre, el más divino de los suplicantes, el que oró como ningún otro hombre lo ha hecho.

Sus oraciones son nuestra inspiración y nuestro modelo para orar.

Aquel que sigue a Cristo en oración debe seguir la voluntad y la ley de Dios, sus reglas y su inspiración. En toda oración, es el hombre quien ora. La vida y la personalidad fluyen en nuestra recámara.

En la oración hay acción y reacción mutua. La cámara de oración tiene mucho que ver con forjar el carácter, y a la vez el carácter tiene mucho que ver con la cámara de oración. "La oración eficaz del justo puede mucho." Aquellos que "invocan al Señor con corazón limpio" son los que saldrán adelante. Su carácter es el carácter de la oración. Su Espíritu es la vida y el poder de la oración, por lo que no ora mejor quien lo hace con mayor fluidez, o con los dones más ricos y el ardor más ferviente, sino aquel que está más lleno en el Espíritu de Cristo.

La condición para recibir la revelación de Dios y captar su verdad está en el corazón, no en la mente. La habilidad para recibir y para buscar debe ser como la de un niño —docilidad, inocencia y simplicidad; estas son las condiciones bajo las cuales Dios se revela al hombre. El mundo no puede alcanzar a Dios por su sabiduría, ni puede alcanzar ni recibir a Dios por ella porque Dios se revela al corazón de los hombres, no a su mente. Sólo los corazones pueden conocer a Dios, sentirle, verle, y leer a Dios en el Libro de los libros. No se capta a Dios con los pensamientos, sino con los sentimientos. El mundo recibe a Dios por revelación, no por la filosofía. Los hombres no necesitan habilidad mental para captar a Dios, sino plasticidad, siendo capaces de ser afectados. El mundo no llega a Dios ni alcanza una visión de Dios por medio del razonamiento fuerte, esforzado, serio, sino por medio de un corazón grande tierno y puro. Los hombres no necesitan tanto de la luz para ver a Dios como de corazones para sentirle.

El hombre es quien está presente en toda oración, haciendo y marcándola. Es imposible separar la oración del hombre que la hace. Los elementos constituyentes del hombre son los que constituyen su oración. El hombre fluye a través de su oración. Sólo el vehemente Elías puede orar con la vehemencia de Elías. Sólo se obtiene oración santa de un hombre santo, no puede existir un ser santo sin acción santa. El ser viene primero, luego el hacer. Lo que somos le da realidad, fuerza e inspiración a lo que hacemos. Nuestro carácter, aquello que nos marca profunda, definitiva e imborrablemente se manifiesta en todo lo que hacemos.

Cristo señaló el camino en la oración para que sigamos sus pisadas. ¡Un líder incomparable en oraciones incomparables! ¡Señor, enséñanos a orar como tú mismo oraste! Qué contraste entre la oración sacerdotal y la "Oración del Señor", el modelo que dio a sus discípulos con los rudimentos de la oración. ¡Qué simple e infantil! Nadie ha ideado jamás una oración tan simple en sus peticiones y sin embargo completa en todas sus súplicas y personificación.

¡Cómo nos han sido dados estos simples elementos de la oración tal como fueron dados los mandamientos por el Señor! Esta oración es para nosotros, tal como lo fue para aquellos a quienes se les dio en primera instancia; es el ABC de la oración y a la vez la enseñanza para el alumno más avanzado. Es una oración personal, que abarca todas nuestras necesidades y cubre todos nuestros pecados y es además la oración de intercesión más elevada. Del mismo modo que el estudiante no puede dejar de lado sus primeros pasos en la enseñanza cuando llega a los estudios más avanzados, y así como el alfabeto da forma, color y expresión a todo lo que se aprende después, todo lo que se aprende con Cristo no autoriza a dejar de lado la Oración del Señor, pero El puede hacer que sea la base de oraciones más elevadas, la intercesión por otros en la oración pastoral. "En la realidad de la oración les envía al mundo tal como el Padre lo envió a El al mundo. Cristo espera que sean y hagan lo que El fue e hizo para el Padre. Buscó la santificación de sus discípulos para que pudieran estar totalmente entregados a Dios y purificados de todo pecado. Deseaba para ellos una vida santa y una obra santa consagrada a Dios. Se entregó a la muerte para que ellos pudieran entregar su vida a Dios. Oraba por una santificación real —una santificación verdadera, total y completa, que abarcara el alma, el cuerpo y la mente, por todo el tiempo y la eternidad. Con El, la Palabra misma tenía mucha relación con la verdadera santificación. "Santifícalos en tu verdad; tu palabra es verdad. . . Y por ellos yo me santifico a mí mismo, para que también ellos sean santificados en la verdad." La entrega total era el modelo de su santificación. La oración de Cristo por la santificación, marca el camino hacia la total santificación, ese camino es la oración. Todos los pasos ascendentes hacia esa elevada posición de plena santificación son pasos de oración. "Orad sin cesar" es el mandamiento que antecede a: "Y el mismo Dios de paz os santifique por completo." Y la oración es el interludio continuo y la doxología de esta tremenda gracia para el corazón: "Y todo vuestro ser, espíritu, alma y cuerpo, sea guardado irreprensible para la venida de nuestro Señor Jesucristo. Fiel es el que os llama, el cual también lo hará."

Sólo podemos atender todas nuestras responsabilidades y cumplir nuestra elevada misión si lo hacemos santificados como Cristo nuestro Señor estaba santificado. El nos envía al mundo tal como el Padre le envió al mundo. El espera que seamos como El fue, que hagamos lo que El hizo y que glorifiquemos al Padre como El lo glorificó.

La oración en el Getsemaní es excepcional en todo sentido. Pesa sobre él toda la tremenda carga del pecado del mundo. Ha alcanzado el punto máximo de su depresión. La copa más amarga, su copa amarga, está puesta contra sus labios. Le ha sobrevenido la mayor de todas sus debilidades, la más triste de todas sus penas, la agonía de las agonías está sobre él. La carne está llegando a su límite con débiles y temblorosas pulsaciones, como el paso de la sangre de su corazón. Hasta en los enemigos han vencido, el infierno lo celebra y los malos se están uniendo para el carnaval del infierno.

Getsemaní fue la hora de Satanás, del poder satánico, de la oscuridad satánica. Fue la hora de alistar todas las fuerzas de Satanás para un ataque final y definitivo. Jesús había dicho: "Viene el príncipe de este mundo y él nada tiene en mí." La batalla por el señorío del mundo está dispuesta delante suyo.

El Espíritu le llevó y lo introdujo en grave conflicto y severa tentación en el desierto, pero Su consolador, su líder y su inspiración a través de la historia, parece haberle abandonado en esos momentos. "Comenzó a entristecerse y a angustiarse en gran manera", y le escuchamos exclamar: "Mi alma está muy triste, hasta la muerte." La depresión, el conflicto y la agonía habían llegado hasta el centro mismo de su espíritu y le habían sumido al borde de la muerte. Estaba "dolorosamente sorprendido". Sorpresa y temor deprimían su alma. La medianoche del infierno que cayó sobre su espíritu fue "muy pesada". Muy pesada la hora en que todos los pecados de todo el mundo, de cada hombre, de todos los hombres, cayeron sobre su alma inmaculada, con toda su mancha y culpabilidad.

No puede soportar la presencia de sus amigos elegidos, pues no pueden llegar con El a la profundidad y las exigencias de esta terrible hora. Sus vigías de confianza se habían dormido y el rostro del Padre se había ocultado. Se había callado la voz del Padre, que siempre lo aprobaba y el Espíritu Santo, que había estado con El en todas las horas difíciles de su vida, parecía haberse retirado de la escena. Debía beber solo la copa, solo debía hollar las uvas en la viña de la ira de Dios, del poder y la oscuridad satánica y de la envidia, la crueldad y la venganza humanas.

En ningún profeta o sacerdote, rey o legislador, sinagoga o iglesia, el ministerio de oración asume la maravillosa variedad, poder y fragancia que tiene en la vida de Cristo. Es el aroma de las especias divinas más dulces, una llama de la gloria de Dios consumida por la voluntad de Dios.

Cristo se indentificaba totalmente con el plan y la voluntad. Orar de acuerdo a la voluntad de Dios era la vida y la ley de Cristo; esa era la ley de su oración. Vivir identificado, unido a Dios es una vida mucho más elevada y divina que vivir simplemente sometido a Dios. Orar de acuerdo a la voluntad de Dios —orar con Dios—, es un modo de oración mucho más elevado y divino que orar en mera sumisión. En su mejor expresión, sumisión implica ausencia de rebelión, conformidad, lo cual es bueno, pero no lo mejor. La forma más poderosa de oración es agresiva, vencedora, creativa. Moldea las cosas, las cambia y produce acción.

Conformidad significa "ser perfecto y completo en todo lo que sea la voluntad de Dios". Significa deleitarse en hacer la voluntad de Dios, ir con ansiedad y fervor a cumplir sus planes. La conformidad con la voluntad de Dios implica sumisión —sumisión paciente, dulce, y amorosa, pero la sumisión por sí misma se queda corta y no incluye la conformidad. Podemos ser sumisos, pero no estar totalmente identificados. Podemos aceptar resultados contra los cuales hemos luchado y aun resignarnos a ellos.

La identificación significa ser uno con Dios, tanto en el resultado como en el proceso. La sumisión puede indicar que se es uno con Dios en el final. La conformidad es ser uno con Dios al comienzo y al final. Jesús tenía una conformidad absoluta y perfecta con la voluntad de Dios, y en ese sentido oraba.

Siempre estamos dispuestos a justificar nuestra falta de sinceridad y constancia en la oración mediante una falsa e imaginaria idea de sumisión. A menudo terminamos de orar justo cuando deberíamos comenzar. Dejamos de orar cuando Dios espera y está esperando que realmente empecemos a orar; se interponen obstáculos que nos impiden orar, o nos rendimos ante las dificultades y lo justificamos como sumisión a la voluntad de Dios.

Se cubre todo un mundo de fe mendigante, de pereza espiritual, de mediocridad en la oración mediante el elevado y piadoso nombre de sumisión. En la esencia y en la inspiración de la oración de Cristo, está el no tener ningún plan, sino vislumbrar el plan de Dios y llevarlo a cabo. Esto es mucho más que introducir una cláusula de sumisión. Jesús lo hizo una vez, intentando cambiar el propósito de Dios, pero todas las demás oraciones la muestran plenamente compenetrado e identificado con los planes y propósitos de Dios. Este es el orden que buscamos si permanecemos en El y su Palabra permanece en nosotros. Entonces podemos pedir lo que queremos y nos será dado, haciendo que nuestra oración comience a crear y modelar cosas. Nuestros deseos se vuelven la voluntad de Dios y Su voluntad se vuelve la nuestra. Los dos somos uno y no hay ninguna nota discordante.

¡Cuánta sujeción, paciencia, negación, de uno mismo, cuánta lealtad a la obra de Dios, y qué diferencia con el Antiguo Testamento se encuentra en esta frase de nuestro Señor: "¿Acaso piensas que no puedo ahora orar a mi Padre, y que él no me daría más de doce legiones de ángeles? ¿Pero cómo se cumplirían entonces las Escrituras, de que es necesario que así se haga?"!

Durante el gran avivamiento escocés se decía que un evangelista había tenido gran éxito ganando almas en un solo sermón que había predicado —cientos de personas se habían convertido. La noticia sobre el éxito del sermón llegó muy lejos, a los valles, a otro hermano evangelista. Este deseaba averiguar el secreto de tan extraordinario mensaje. Caminó el largo camino hasta la humilde cabaña del predicador y lo primero que dijo fue: "Hermano, ¿dónde conseguiste ese mensaje?" Lo condujo a una habitación pobremente amueblada y le señaló un lugar en la alfombra que estaba totalmente gastado, frente a una ventana que se abría hacia las colinas eternas y las solemnes montañas. "Hermano, allí es donde obtuve mi sermón. Mi corazón estaba angustiado por todos los hombres. Una noche me arrodillé allí y clamé pidiendo poder para predicar como nunca antes lo había hecho. Las horas pasaron y llegó la medianoche y las estrellas se asomaron sobre un mundo dormido, pero la respuesta no llegaba. Seguí orando hasta que vislumbré un débil rayo gris que se asomaba, luego se volvió plateado, el plateado violeta y luego dorado. Finalmente llegó el sermón y llegó el poder y los hombres cayeron bajo la influencia del Espíritu Santo." —G. C. Morgan.

¡Qué complicadas, confusas y torcidas son muchas de las indicaciones humanas sobre cómo adquirir el don del Espíritu Santo, el Consolador, que nos santifica y nos da poder! ¡Qué simple y directo es nuestro Señor al respecto: "pedid"! Esto es sencillo y claro. Pedid con urgencia, sin desmayar. Pedid, buscad, llamad, hasta que el venga. El Padre celestial lo enviará con seguridad si se lo piden. Esperad en el Señor para recibir el Espíritu Santo. Es el hijo pidiendo, esperando, insistiendo y orando con perseverancia por el don más grande del Padre y la mayor necesidad del hijo —el Espíritu Santo.

¿Cómo podemos obtener el Espíritu Santo que ha sido tan liberalmente prometido a quienes lo buscan con fe? Esperando, insistiendo, perseverando con toda paciencia y con todo el fervor de una fe que no conoce el temor, que no admite la duda, una fe que no tambalea ante la incredulidad, una fe que en las más oscuras horas de depresión y desesperanza, cree en esperanza, se ilumina con la esperanza y se fortalece en la esperanza.

Espera y ora —esta es la llave que abre todos los castillos de la desesperación, que abre todos los depósitos de los tesoros de Dios. Es la sencillez de la súplica del hijo que pide a un Padre que otorga con liberalidad, generosidad y alegría muy superior a la que hayan mostrado jamás los padres terrenales. Pida el Espíritu Santo; búsquelo, llámelo puesto que es el regalo más grande de Dios para la mayor necesidad del hijo.

En estas tres palabras dadas por Cristo; "pedid, buscad, llamad", tenemos una muestra de la insistencia y el esfuerzo progresivo. El Señor está señalando mandamientos y promesas claves, mostrándonos que si nos disponemos a orar y perseveramos, elevándonos en actitudes cada vez más fuertes y poderosas, y sumiéndonos en profundidades de mayor intensidad y esfuerzo, la respuesta no tiene mas remedio que llegar. Las estrellas dejarán de brillar antes de que el pedir, el buscar y el llamar fracasen en cuanto a obtener aquello que se necesita y se desea.

Cuando nuestro espíritu se llena del Espíritu de Dios, estamos abiertos y receptivos a su inspiración y a su voluntad y pedimos con santa humildad y libertad las cosas que el Espíritu de Dios nos ha mostrado que son su voluntad, y la fe se afianza. Entonces "sabemos que tenemos aquello que pedimos." El hombre natural ora, pero ora de acuerdo a su propia voluntad, a sus fantasías y deseos. Si tiene deseos y gemidos ardientes, son simplemente el fuego y la pasión natural y no los del Espíritu. Hay todo un mundo de oración natural, egoísta, centrado en el yo, inspirado en el yo —el Espíritu, al orar por medio de nosotros, o cuando nos ayuda a encontrar el poderoso eje de la verdadera oración, recorta nuestra oración a la voluntad de Dios y entonces damos sentido y expresión a sus gemidos indecibles. Entonces tenemos la mente de Cristo, y oramos como El hubiera orado. Sus pensamientos, propósitos y deseos, son nuestros deseos, propósitos y pensamientos.

Se nos encarga que supliquemos en el Espíritu y oremos en el Espíritu Santo. Se nos recuerda que el Espíritu Santo "ayuda en nuestras debilidades", y que si bien el arte de la intercesión es tan divino y tan elevado que no sabemos orar como conviene, sin embargo el Espíritu nos enseña esta ciencia divina, intercediendo en nosotros con "gemidos indecibles". ¡Qué agobiante intercesión la del Espíritu Santo! La profundidad con que siente la pérdida del mundo, se advierte en sus gemidos, tan hondos que no pueden pronunciarse y demasiado sagrados para ser enunciados. El nos inspira para que realicemos la divina labor de intercesión y su fortaleza nos capacita para rogar a Dios por los oprimidos, los cargados, y la condición angustiante. El Espíritu Santo nos ayuda de muchas maneras.

Para orar en el Espíritu Santo debemos tenerlo siempre en nosotros. Con él no ocurre como los maestros humanos, que enseñan la lección y se marchan. El Espíritu Santo se queda para enseñarnos a poner en práctica la lección que nos ha enseñado, sino que *oramos en El.* Es a la vez el maestro y la lección. Sólo podemos saber la lección porque El está siempre con nosotros para inspirarnos, iluminarnos, explicarnos, y ayudarnos. No oramos por la verdad que el Espíritu Santo nos revela sino por *la presencia real del Espíritu Santo. El pone el deseo en nuestros corazones y aviva ese deseo con su propia llama.* Nosotros simplemente damos expresión, voz y corazón a sus gemidos indecibles. El toma nuestras oraciones, las vivifica y las santifica por su intercesión. El ora por nosotros, a través nuestro y en nosotros. Oramos por medio de El, a través de El y en El. El pone la oración en nosotros y nosotros le damos expresión y sentido.

El Espíritu Santo es el representante y sustituto divinamente señalado para la persona humana de Cristo. ¡Cuánto significa para nosotros! ¡Cuánto necesitamos ser llenados por El, vivir en El, andar en El, y ser guiados por El! ¡Qué importante conservar y avivar la llama sagrada para que sea más brillante y ardiente! ¡Qué cuidadosos, tiernos, y amantes debiéramos ser para no entristecer su naturaleza amante y sensible! Debiéramos ser atentos, humildes y obedientes, no resistir nunca sus impulsos divinos, escuchar siempre su voz y hacer siempre su divina voluntad. Es imposible lograr esto sin oración abundante y continua.

La oración es el único elemento en el que el Espíritu Santo puede vivir y obrar y la oración es la cadena dorada que gustosamente le encadena para hacerle obrar con placer en nosotros.

Las oraciones de los hombres santos pacifican la ira de Dios desvían las tentaciones, resisten y vencen al diablo, obtienen el ministerio y el servicio de los ángeles y rescinden los decretos de Dios.

La oración cura la enfermedad y obtiene el perdón; detiene el curso del sol y frena las ruedas de la carroza de la luna; gobierna sobre todos los dioses y abre y cierra los depósitos de la lluvia; abre la matriz y destruye la violencia del fuego; cierra la boca de los leones y concilia nuestras débiles y sufrientes facultades con la violencia de la tormenta y la violencia de la persecución; agrada a Dios y satisface todas nuestras necesidades.

Jeremy Taylor

Capítulo dos

PROPOSITO EN LA ORACION

Cuanto más oración haya en el mundo, mejor será, y mayor la fuerza para contrarrestar el mal en todas partes. La oración, en una de sus fases de acción, es un desinfectante y un preventivo. Purifica el ambiente; controla el contagio del mal. La oración no es algo caprichoso y de corta vida. No es una voz clamando sin que se la oiga ni se la atienda en el silencio. Es una voz que llega al oído de Dios y perdura todo el tiempo que el oído de Dios esté atento a las súplicas santas. Dios modela el mundo a través de la oración. Las oraciones no mueren nunca. Los labios que las pronuncian pueden cerrarse con la muerte, el corazón que las sintió puede haber dejado de latir, pero las oraciones viven delante de Dios, y el corazón de Dios está en ellas. Las oraciones sobreviven a aquellos que las han pronunciado; sobreviven a las generaciones, a las épocas, al mundo.

Es más inmortal el hombre que ha orado más y mejor. Son los héroes de Dios, sus santos, sus siervos y, los vicegerentes de Dios.

Un hombre puede orar mejor gracias a las oraciones del pasado; y puede vivir con más santidad gracias a las oraciones del pasado. El hombre que ha hecho muchas oraciones aceptables ha prestado el mejor y más grande servicio a la generación venidera. Las oraciones de los santos de Dios fortalecen a las generaciones que aún no han nacido contra las olas devastadoras del mal y del pecado. Pobre generación la que encuentra sus incensarios vacíos del rico incienso de la oración, la que ha tenido padres demasiado ocupados o demasiado incrédulos para orar; su lamentable herencia son peligros y consecuencias inimaginables. Afortunados aquellos cuyos padres y madres les han dejado un rico patrimonio de oración.

Las oraciones de los santos son el depósito de capital en el cielo con el cual Cristo lleva a cabo su gran obra en la tierra. Los grandes ataques y fuertes convulsiones en la tierra son el resultado de estas oraciones. Cuando las oraciones son más numerosas y más eficientes, la tierra se transforma y se revoluciona, los ángeles se mueven sobre alas más poderosas y más rápidas y el plan de Dios cobra forma.

Es cierto que los sucesos más poderosos que ocurren en la causa de Dios son producidos y sostenidos por la oración. ¡El día poderoso de Dios! Los días de actividad y poder angelical ocurren cuando la Iglesia de Dios adquiere su grandiosa herencia de fe y oración poderosa. Los días de conquista de Dios son aquellos en que sus santos se han entregado a la oración con eficiencia. Cuando la casa de Dios en la tierra es una casa de oración, entonces la casa de Dios en el cielo está ocupada y activa participando en sus planes y desplazamientos, y superará a los ejércitos mundanos en triunfos, victorias y derrotas a los enemigos en cada situación.

Dios condiciona la vida y el progreso de su causa a la oración. Esta condición apareció con la existencia misma de su causa en este mundo. "Pedid" es la condición básica que Dios puso para el avance y el triunfo de su causa. Los hombres deben orar —orar por el progreso de la causa de Dios. La oración coloca a Dios en toda su potencia frente al mundo. Para un hombre de oración, Dios está presente en toda su fuerza; en una iglesia que ora, Dios está presente en todo su glorioso poder, y el Salmo 2 se vuelve la divina descripción del establecimiento de la causa de Dios a través de Jesucristo. Todas las demás dispensaciones inferiores han sido absorbidos por la coronación de Jesucristo. Dios declara el entronizamiento de su Hijo. Y las naciones montan en cólera, llenas de amargo odio en contra de su causa. Dios se ríe de su odio impotente. El Señor se reirá; el Señor se mofará de ellos. "Pero yo he puesto mi rey sobre Sion, mi santo monte."

El secreto del éxito en el reino de Dios es a través de la

oración. El que esgrima el poder de la oración será poderoso, será santo en el reino de Cristo. La lección más importante que podemos aprender es cómo orar.

La oración es la nota característica de la vida santificada, del ministerio más santo. El que se destaca en la oración hace la mayor obra para Dios. Jesucristo ejerció su ministerio siguiendo esta norma.

Las posibilidades y la necesidad de la oración, su poder y su resultado se muestran al detener y cambiar los propósitos de Dios, mitigando su golpe poderoso. El mismo Faraón creía firmemente en las posibilidades de la oración y en su capacidad para aliviar. Cuando luchaba contra las maldiciones agobiantes de Dios, rogó a Moisés que intercediera por él. "Ruega a Dios por mí", fue la súplica patética repetida cuatro veces cuando las plagas asolaban Egipto. Cuatro veces hizo estas urgentes peticiones a Moisés y cuatro veces la oración logró levantar la temible maldición de encima del duro rey y su asolado país.

La blasfemia y la idolatría de Israel cuando esculpieron el becerro de oro y le declararon su devoción, fue un terrible crimen y la ira de Dios se encendió al máximo y declaró que destruiría al pueblo pecador.

El Señor también estaba muy enojado con Aarón, y a Moisés le dijo: "Déjame que los destruya." Pero Moisés oró, y siguió orando; día y noche oró durante cuarenta días. El mismo relata la lucha que mantuvo en oración: "Me postré delante de Jehová como antes, cuarenta días y cuarenta noches; no comí pan ni bebí agua, a causa de todo vuestro pecado que habíais cometido haciendo el mal ante los ojos de Jehová para enojarlo. Porque temí a causa del furor y de la ira con que Jehová estaba enojado contra vosotros para destruiros. Contra Aarón también se enojó Jehová en gran manera para destruirlo; y también oré por Aarón en aquel entonces." Hombres como Moisés sabían cómo orar y cómo prevalecer en oración. Su fe en la oración no era una actitud pasajera que cambiaba con el viento con sus sentimientos o circunstancias; para ellos era un hecho que Dios escuchaba y contestaba, que su oído estaba abierto siempre al clamor de sus hijos, y que su poder para hacer lo que se le pedía era tan grande como su voluntad. Y así estos hombres, fuertes en fe y en oración, "conquistaban reinos, instauraban la justicia, obtenía promesas, cerraban la boca de los leones, dominaban la violencia del fuego, escapaban de la espada, se hacían fuertes en medio de la debilidad, se volvían fuertes en la guerra, obligando a huir al ejército enemigo."

Todo era entonces, lo mismo que ahora, posible para los hombres y mujeres que sabían orar. La oración abría, indudablemente, las puertas de depósitos infinitos, y la mano de Dios no retenía nada. La oración introducía a quienes la practicaban a un mundo privilegiado, y traía la fuerza y la riqueza del cielo en auxilio del hombre mortal. ¡Qué rico y maravilloso poder obtenían aquellos que habían aprendido el secreto de cómo acercarse a Dios! En el caso de Moisés se salvó una nación, en el de Esdras se salvó un templo.

La oración no es trabajo para un perezoso. Cuando todas las ricas y agraciadas especias que constituyen la esencia de la oración han sido mezcladas y refinadas con esfuerzo y batiéndolas se precisa del fuego para liberar el incienso y hacer que su fragancia suba al trono de Dios. El fuego consumidor produce el espíritu y la vida del incienso. Sin el fuego la oración no tiene espíritu; sólo sirve, como las especias muertas, para la corrupción y los gusanos.

La oración casual e intermitente nunca resulta inflamada por el fuego divino, por que el hombre que ora de esta manera no es sincero, no es como aquel que se aferra a Dios dispuesto a no dejarle ir hasta obtener la bendición. "Orad sin cesar", aconsejaba el gran apóstol. Esa es la costumbre que hace que la oración sea como la mezcla que une los ladrillos, para unir las piedras. "Puedes hacer algo más que orar después que has orado —decía el santo doctor A.J. Gordon—, pero no puedes hacer nada más que orar antes que hayas orado."

La historia de cada gran conquista cristiana es la historia de una oración contestada. "El mejor y más grandioso talento que Dios puede dar a un hombre o a una mujer en este mundo es el talento de la oración" —escribe el Principal Alexander Whyte. "Y el mayor interés que un hombre o una mujer pueden traer a Dios al momento de rendir cuentas con él, al final del tiempo, es una vida de oración. Producen mayor interés al depósito de su Señor aquellos siervos que se levantan más temprano y se acuestan más tarde, procurando siempre encontrar y practicar mejores métodos de oración y adoptando costumbres cada vez más secretas, constantes y espiritualmente fructíferas, hasta que literalmente 'oran sin cesar' y continuamente emprenden nuevas empresas de oración, nuevas conquistas, nuevos negocios." Sólo cuando todo el corazón está colmado de pasión por la oración desciende el fuego consumidor, ya que sólo el hombre sincero tiene acceso al oído de Dios.

Las oraciones de los santos suben eternamente a Dios como fragancia del mejor incienso. Y Dios nos habla de muchas maneras declarándonos sus riquezas y nuestra pobreza. "Soy el hacedor de todas las cosas; las riquezas y la gloria son mías. *Pedidme."* Con la ayuda de Dios podemos hacer todas las cosas, y podemos tener toda su ayuda si la pedimos. El éxito y el poder del evangelio dependen de nuestra habilidad para orar y podemos tener todo lo que Dios tiene. *"Pedidme."* Esto no es una invención de la imaginación, ni un sueño loco, ni una fantasía vana. La vida de la Iglesia es la vida más elevada. Su oficio es orar. Su vida de oración es la vida más elevada, la más perfumada, la más notable.

La afirmación del filósofo bautista John Foster contiene la filosofía más pura y la verdad más sencilla de Dios, porque Dios no tiene otro recurso ni pone otras condiciones que la oración. "Mejor y más abundante oración producirá un triunfo más rápido y seguro a la causa de Dios; la oración débil, ritual, indiferente trae decaimiento y muerte. La Iglesia tiene su ancla mayor en la cámara secreta; su arsenal está allí."

"Estoy convencido —continúa Foster—, que si se informa a cualquier hombre que sus proyectos dependen completamente de Dios, se sentirá impulsado a orar y estará ansioso por inducir a sus mejores amigos a orar el mayor tiempo posible. No esperaría éxito sin oración del mismo modo que un marinero no pretende alcanzar la costa distante desplegando sus velas cuando no hay viento. He insinuado mi temor de que sería fantasioso esperar un éxito extraordinario en la administración humana de la religión a menos que hubiera presagios extraordinarios; un espíritu intenso de oración constituiría un augurio de esa índole, y el individuo que se propusiera descubrir su máxima eficacia probablemente encontraría que se transforma en un agente mucho más destacada en su pequeña esfera de influencia. Y si todos los numerosos discípulos del cristianismo tuvieran la sincera e inalterable decisión de ponerse de acuerdo para que el cielo no retuviera ni una sola de las influencias que pudieran obtenerse mediante el máximo esfuerzo de oración perseverante, estaríamos a las puertas de una revolución en el mundo."

Edward Payson, un hombre de Dios, dice respecto a esta afirmación de Foster: "Probablemente muy pocos misioneros después de los apóstoles hayan probado este experimento. El que haga la primera prueba seguramente logrará maravillas. Nada de lo que yo pudiera escribir, nada que pudiera escribir un ángel, sería necesario para aquel que hiciera esta prueba." A pesar de lo conscientes que seamos de la importancia de la oración, de su importancia vital, dejamos pasar las horas y sólo podemos lamentar ante la muerte la pérdida irremediable. Cuando reflexionamos con tranquilidad sobre el hecho de que el progreso del reino de nuestro Señor depende sólo de la oración, resulta triste pensar que dedicamos tan poco tiempo a este sagrado ejercicio. Todo depende de la oración, y, sin embargo, la descuidamos perjudicando no sólo nuestra propia vida espiritual, sino demorando y perjudicando la causa del Señor sobre la tierra. Las fuerzas del bien y del mal están disputándose el mundo y si quisiéramos, podríamos agregar fuerzas al ejército conquistador de la justicia, pero estamos inmóviles, nuestros brazos cuelgan indiferentes, y al evitar la oración privada traicionamos la misma causa por la que decimos estar profundamente interesados.

La oración es la condición eterna y primordial por la que puede rogarse al Padre que ponga el mundo bajo el dominio del Hijo. Si hubiera habido oración constante, universal, insistente por parte del pueblo de Dios, ya hace tiempo que este mundo hubiera sido dominado por Cristo. La demora no debe adjudicarse a los obstáculos crónicos, sino a la falta de peticiones adecuadas. *Hacemos de todo menos orar.* A pesar de lo pobres que son nuestras ofrendas, nuestras contribuciones en dinero superan nuestra ofrenda de oración. Quizás en una congregación típica, cincuenta contribuyen con dinero, mientras una sola alma santa y fervorosa se encierra con Dios y lucha por la liberación del mundo ateo. La oración ritual en ocasiones prefijadas no cuenta en este cálculo. Enfatizamos otras cosas mucho más de lo que enfatizamos la necesidad de la oración. John Foster resume todo este asunto con un sentido práctico. "Cuando la Iglesia de Dios se levante a cumplir su obligación y su deber y en verdadera fe clame por lo que Cristo ha prometido, 'todas las cosas', tendrá lugar una verdadera revolución."

No toda oración es oración. El poder movilizador, la fuerza conquistadora en la causa de Dios es Dios mismo. "Clama a mí, y yo te responderé, y te enseñaré cosas grandes y ocultas que tú no conoces." Ese es el desafío que Dios nos hace. La oración induce a Dios a interesarse plenamente en su obra. "Preguntadme de las cosas por venir; acerca de mis hijos, y acerca de la obra de mis manos." Este es el *cheque en blanco* de Dios sobre la oración. *La fe sólo es omnipotente cuando está de rodillas* y sus manos extendidas tocan a Dios; entonces moviliza toda la capacidad de Dios; sólo una oración de fe puede obtener de Dios "todas las cosas".

Nuestros escasos resultados, la causa de nuestra pobreza, es la que señala el apóstol Santiago: "Pedís, y no recibís, porque pedís mal, para gastar en vuestros deleites." Esa es toda la verdad resumida al máximo. Uno de los corresponsales de Melancton dice sobre la oración de Lutero: "Las palabras no son suficientes para expresar mi admiración por el gozo, la fe, la esperanza del hombre en estos tiempos de prueba y humillación. Alimenta constantemente estas virtudes mediante el diligente estudio de la Palabra de Dios. *No pasa un día en el que no dedique al menos tres de sus mejores horas a la oración.* Una vez le oí orar. ¡Dios mío! ¡Qué espíritu y cuánta fe hay en sus expresiones! Pide a Dios con la misma reverencia que si estuviera en su propia presencia, y a la vez con una esperanza y una confianza tan firmes como si le hablase a un padre o a un amigo. 'Lo sé' —decía— 'Tú eres nuestro Padre y nuestro Dios; y, por lo tanto, estoy seguro que tú derrotarás a los que persiguen a tus hijos. Si Tú fallas en hacerlo, tu propia causa, que está enlazada con la nuestra, estaría en peligro. Es algo que te concierne plenamente. Nosotros, por tu providencia, hemos sido impulsados a tomar parte en ello y tú serás, por lo tanto, nuestra defensa.' *Mientras escuchaba orar así a Lutero desde cierta distancia, sentía mi alma inflamarse en fuego dentro de mí,* al escuchar al hombre dirigirse a Dios como si fuera un amigo y, sin embargo, con mucha seriedad y reverencia; también escuché insistir, en el curso de la oración, en las promesas contenidas en los Salmos, como si estuviera seguro de que sus peticiones serían concedidas."

"Yo le hablo al Señor acerca de mis problemas y mis dificultades, y luego espero que me las solucione —decía un hombre de Dios—. Y es maravilloso cómo un asunto que parecía oscuro se aclara como el agua al orar con la ayuda del Espíritu Santo. Creo que los creyentes no obtienen respuestas a sus oraciones porque no esperan suficiente en Dios. Se inclinan simplemente para pronunciar algunas palabras, y luego se levantan de un salto, olvidándose del asunto y pretenden que Dios les conteste. Este tipo de oración siempre me hace recordar al muchachito que tocaba el timbre de la puerta de su vecino y luego salía corriendo lo más rápido que podía."

Orar es la cosa más fácil y la más difícil de hacer; la más simple y la más sublime; la más débil y la más poderosa; sus resultados están más allá de las posibilidades humanas, estando limitadas tan sólo por la omnipotencia de Dios. *Pocos cristianos tienen una ligera idea de lo que es el poder de la oración; y menos aún los que tienen una experiencia de ese poder.* La Iglesia parece casi ignorar el poder que Dios ha puesto en sus manos; este cheque en blanco sobre los infinitos recursos del poder y la sabiduría de Dios rara vez se usa, si es que se usa, y nunca se llega a la medida máxima que honraría a Dios. Es asombroso ver cuán poco se usa y que pocos beneficios se obtienen. La oración es nuestra arma más formidable, pero una que no sabemos cómo usar, y la que mayor aversión nos produce. Hacemos de todo por los inconversos, menos lo que Dios quiere que hagamos, que es la única cosa que realmente sirve porque hace que todo lo demás resulte eficiente.

Graduarse en la escuela de la oración es haberse diplomado en todo el curso de la vida cristiana. Los primeros y los últimos peldaños de la vida de santificación están coronados por la oración. Es un oficio de por vida. Los obstáculos de la oración son los obstáculos de la vida santa. Las condiciones de la oración son las condiciones de la justicia, la santidad y la salvación. El remendón en el oficio de la oración es un chapucero en el oficio de la salvación.

La oración es un oficio que debe ser aprendido. *Debemos ser aprendices y dedicar tiempo a ello.* Se requiere una preocupación esmerada, mucha reflexión y esfuerzo para ser un oficial diestro en la oración. La práctica en la oración, como en cualquier otra profesión, ayuda a perfeccionarse. Sólo las manos y corazones laboriosos producen eficiencia en este oficio celestial.

La oración y la santidad de vida son una sola cosa. Se influyen mutuamente. Ninguno puede sobrevivir solo. La ausencia de uno implica la ausencia del otro. Los monjes viciaron la oración, sustituyeron la oración por la superstición, y la vida de santidad por mascaradas y rutina. Nosotros corremos el riesgo de sustituir la oración y la vida santificada por trabajo eclesiástico y una agenda interminable de actividades espectaculares. *Una vida santa no se vive en el encierro, pero no se puede vivir SIN dedicar tiempo a orar a solas.* Si, por casualidad, existiera un aposento de oración sin la correspondiente vida santa, sería un aposento sin la presencia de Dios.

No se logra ejercitar una oración más abundante de modo espontáneo. La campaña por el siglo veinte o el siglo treinta no favorecerá nuestra oración, y más bien la obstaculizará si no tenemos cuidado. Lo único que beneficia es un esfuerzo específico de parte de un liderazgo habituado a la oración. Sólo los líderes que oran pueden tener seguidores que oran. Apóstoles que oran producirán santos que oran. Un púlpito de oración obtendrá una congregación que ora. Necesitamos con desesperación alguien que inste a los santos a orar. *Somos una generación de creyentes que no ora.* Los creyentes que no oran son como una banda de mendigos que no tienen ni el fervor ni la belleza ni el poder de los santos. ¿Quien restaurará esta rama? *Será el más grande de los reformadores y de los apóstoles aquel que induzca a la Iglesia a orar.*

En el pasado hombres santos han logrado cambiar todo un mundo de relaciones, transformar el carácter del país por medio de la oración. Tales conquistas son aun posibles para nosotros, puesto que el poder sólo espera ser usado y la oración no es otra cosa que la expresión de la fe.

La oración honra a Dios; disminuye el yo. Es la súplica del hombre en su debilidad, ignorancia y necesidad. Un ruego que el cielo no puede desatender. A Dios le place que oremos.

La oración no se opone al trabajo; ni paraliza la actividad. La oración obra con poder; la oración misma es el trabajo más grande. Provoca la actividad, estimula el deseo y el esfuerzo. La oración no es un opio sino un tónico, no adormece sino que despierta para impulsar a la acción. El hombre perezoso no ora, ni puede ni quiere hacerlo, porque la oración exige energía. Pablo la caracteriza como una lucha, una pasión. Para Jacob fue una pelea; para la mujer sirofenicia implicó una batalla que requirió todas las cualidades superiores del alma y una gran fortaleza.

La recámara no es un asilo para el cristiano indolente y poco valioso. No es una guardería para criaturitas, es el campo de batalla de la Iglesia; su ciudadela; el escenario de conflictos heroicos y espirituales. La recámara es la base para la provisión del creyente y de la Iglesia. Lejos de ella no hay sino derrota y ruina. Por la oración se adquiere y aumenta la energía para el trabajo, el domino del yo, la liberación del temor, y todos, los resultados y dones espirituales. Las diferencias entre cristianos en lo que se refiere a fortaleza, experiencia y santidad se deben a sus diferencias en la oración.

Oraciones escasas, cortas y débiles siempre corresponden a una condición espiritual baja. Los hombres deberían orar más y entregarse a ello con energía y perseverancia. Los cristianos eminentes han sido sobresalientes en la oración.

En ningún otro lado pueden aprenderse las cosas profundas de Dios. Las grandes empresas de Dios son realizadas por los que oran asiduamente. El que ora mucho, estudia mucho, ama mucho, trabaja mucho, hace mucho por Dios y por la humanidad. La difusión del Evangelio, el vigor de la fe, la madurez y la excelencia de los dones espirituales dependen de la oración.

Sin continuidad en la oración es difícil que llegue la respuesta. La insistencia implica la habilidad para mantenerse aferrado, para esperar relajado, pero firmemente, con un anhelo incansable y una paciencia inagotable. La oración continua no es un incidente, sino algo primordial, no es un acto único sino una pasión, no es un antojo sino una necesidad.

La oración en su forma más elevada y aquella que más éxito tiene asume la actitud de una lucha con Dios. Es un enfrentamiento, una prueba y una victoria de la fe; una victoria, no sobre un enemigo sino *sobre Aquel que prueba nuestra fe para poder aumentarla*, que prueba nuestra fuerza para hacernos más fuertes. Pocas cosas dan un vigor tan vivaz y permanente al alma como un tiempo largo y exhaustivo de oración. En la Palabra de Dios no se estimula ni se aprueban los deseos débiles, los esfuerzos indiferentes, actitudes perezosas; todo debe ser extenuante, urgente, ardiente. Deseos inflamados, apasionados, constancia incansable —eso es lo que deleita al cielo. Dios desea que sus hijos sean sincero y persistentes en un esfuerzo atrevido. El cielo está demasiado ocupado para escuchar oraciones a medias o llamados casuales.

No cabe la menor duda que muchas de nuestras oraciones fallan por falta de persistencia, por carecer del fuego y la fuerza de la perseverancia. La persistencia pertenece a la esencia de la verdadera oración. Quizás no siempre sea requerida, pero debe estar dispuesta como la fuerza de reserva. Cesamos justo cuando deberíamos asirnos con más fuerza. Nuestras oraciones son débiles porque no están inflamadas por una voluntad fuerte y resistente.

Dios ama al suplicante que insiste y le da respuestas que nunca hubieran sido otorgadas si no fuera por la persistencia que se niega a dejarlo ir hasta que la petición presentada sea concedida.

La oración no es una obligación insignificante que pueda agregarse al final de una jornada cargada y agotadora, y desobedecemos los mandamientos del Señor si nos conformamos con unos pocos minutos apresurados sobre nuestras rodillas por la mañana, o tarde por la noche cuando nuestras facultades, cansadas por las tareas cotidianas, nos piden reposo. Es cierto;

que Dios siempre está cerca, que su oído está siempre atento al clamor de su hijo, pero nunca llegaremos a conocerle si usamos la oración como si fuera un teléfono, para decir unas cuantas palabras de conversación apurada. La intimidad es algo que requiere un esfuerzo.

Nunca conoceremos a Dios en la forma que tenemos el privilegio de llegar a conocerle, mediante intercesiones breves, fragmentarias, irreflexivas y repetitivas que no son otra cosa que requerimientos personales.

El estudio de la Palabra y la oración van juntas, y cuando encontramos que una de ellas se ha practicado con fidelidad, es seguro encontrar la otra en fiel alianza. Recuerden la máxima de Lutero: "Orar bien es estudiar bien." Lutero pasaba las tres mejores horas del día en oración; John Welch oraba siete y ocho horas al día. Welch solía tener una manta sobre su cama para envolverse cuando se levantaba de noche a orar. A veces su mujer lo encontraba de bruces sobre el piso sollozando. Cuando ella se quejaba le respondía: "Mujer, tengo que responder por tres mil almas y no sé que pasa con muchas de ellas." Welch exhortaba al pueblo que pastoreaba diciéndoles: "Oren por su pastor. Oren para que su cuerpo se mantenga fuerte y viva muchos años. Oren por su alma para que se conserve santa y humilde, como una luz ardiente y brillante. Oren por su ministerio para que sea ampliamente bendecido, para que sea ungido para dar Buenas Nuevas; que no haya ninguna oración secreta que no lo mencione ante Dios, que no haya ninguna oración familiar que no presente al pastor ante Dios." Decía su biógrafo: "En dos cosas persistió sin cesar en el cultivo de la santidad personal y en el incansable esfuerzo por ganar almas."

La escasez de oración es la característica de una época de apostasía y de una iglesia apóstata. Cada vez que hay poca oración en el púlpito o en la congregación, la bancarrota espiritual es inminente e inevitable. La causa de Dios no tiene una era comercial, ni una época cultural, ni una etapa educativas ni una temporada bursátil. Tiene una sola época de oro, la época de la oración. Cuando sus líderes son hombres de oración, cuando la oración es el elemento central de la adoración, como un incienso que da continua fragancia al servicio, entonces la causa de Dios se vuelve triunfante.

"Ni la capacidad natural ni las ventajas educativas cuentan en este asunto; pero sí tienen importancia la capacidad de creer, la habilidad de orar, el poder de una consagración plena, la actitud de negación de uno mismo la renuncia total del yo ante la gloria de Dios y un anhelo eterno e insaciable de buscar la plenitud de Dios. Se requieren hombres que puedan inflamar la iglesia para el Señor, no de una forma ruidosa y espectacular, sino con una llama intensa y silenciosa que derrite y mueve todas las cosas para Dios."

La cámara de oración protege nuestra relación con Dios. Lima las asperezas; acomoda los flecos sueltos, ciñe los lomos debilitados. La oración se aferra a Dios con más fuerza que la que sujeta el ancla mayor de un barco. Satanás debe quebrar nuestro amarre, cortar nuestro paso a la cámara de oración, antes de poder cortar nuestra unión con Dios o cerrar nuestro camino al cielo.

> "No temas orar; orar está bien; Ora si puedes con esperanza, pero ora siempre, aunque la esperanza se debilite por la larga espera; Ora en la oscuridad si no tuvieras luz. Y si por algún deseo no te atrevieras a orar, entonces ruega a Dios que lo haga desaparecer."

Pablo, Lutero, Wesley —¿qué serían estos elegidos de Dios sin el elemento central y característico de la oración? Fueron líderes de Dios porque eran poderosos en la oración. No fueron líderes por tener una inteligencia brillante, o recursos inagotables o por su cultura sobresaliente o dotes naturales, sino porque por el poder de la oración invocaban el poder de Dios. Hablar de hombres de oración es algo más significativo que decir hombres que oran; es mucho más que hablar de un hábito de oración. Significa que son hombres para los cuales la oración es un arma poderosa, una energía que mueve los cielos y trae tesoros sin número a la tierra.

La Iglesia está contaminándose con el mundo en muchos aspectos y de muchas maneras. El mundo se escurre dentro de la iglesia; se derrama dentro de ella; penetra con un frente de bronce o con una máscara simulada; llega a la jerarquía y llega a las capas inferiores; se cuela por muchos lugares secretos.

Estamos buscando hombres santos, hombres que oren, hombres por cuya presencia en la iglesia pueda ser como un incensario del más puro incienso subiendo hacia Dios. Para Dios el hombre es todo. Los ritos, las formas, las organizaciones son de poca importancia, a menos que estén respaldadas por la santidad del hombre, son ofensivas para Dios. "El incienso me es abominación; luna nueva y día de reposo, el convocar asambleas, no lo puedo sufrir; son iniquidad vuestras fiestas solemnes."

¿Por qué habla Dios tan fuerte en contra de sus propias ordenanzas? Porque habían fallado en la pureza personal. El hombre impuro manchó todas las instituciones sagradas de Dios y las contaminó. Para Dios el hombre es tan importante que cuenta más que todo lo demás. Los hombres han construido hermosos templos y se han esforzado y agotado procurando agradar a Dios con todo tipo de ofrenda; pero con cansado desdén, Dios ha rechazado estos orgullosos adoradores y sus majestuosas ofrendas. "El cielo es mi trono, y la tierra estrado de mis pies; ¿dónde está la casa que me habréis de edificar, y dónde el lugar de mi reposo? Mi mano hizo todas estas cosas, y así todas estas cosas fueron, dice Jehová. . . El que sacrifica buey es como si matase a un hombre; el que sacrifica oveja, como si degollase a un perro; el que hace ofrenda, como si ofreciese sangre de cerdo; el que quema incienso como si bendijese a un ídolo." Volviendo su rostro de esas ofrendas costosas y profanas, dice: "Pero miraré a aquel que es pobre y humilde de espíritu, y que tiembla a mi palabra." Esta verdad de que Dios mira la pureza personal del hombre es fundamental. El hombre y su carácter espiritual disminuyen al incrementar el ceremonial religioso, sin embargo, la simplicidad de la oración se pierde en medio de la estética religiosa o en la pompa de las formas religiosas.

"Una sola noche en oración —dice Spurgeon— puede transformarnos en hombres nuevos, hacernos pasar de la pobreza de alma a la riqueza espiritual, del temblor al triunfo. Tenemos un ejemplo de ello en la vida de Jacob. El que hasta entonces había sido un hábil engañador, siempre negociando y calculando, falto de afecto en casi todas las cosas, fue transformado en una sola noche de oración en un príncipe destacado, vestido de grandeza celestial. Desde aquella noche vive en las páginas sagradas como uno que pertenece a la nobleza celestial. ¿No podríamos nosotros, al menos de vez en cuando, en estos años de mundanalidad agobiante, velar siquiera una noche para obtener tal relación enriquecedora con los cielos? ¿No tenemos ambiciones sagradas? ¿Somos sordos a los reclamos del amor divino? Por las riquezas y por la ciencia los hombres son capaces de abandonar el abrigo de sus camas, ¿y no podremos nosotros hacerlo de vez en cuando por amor a Dios y por el bien de las almas? ¿Dónde está nuestro celo, nuestra gratitud, nuestra sinceridad? Ojalá nos quedemos a menudo en Peniel y exclamemos como Jacob, mientras se asía del ángel!

> Toda la noche he de permanecer y lucharé contigo hasta el amanecer.

"Estoy seguro, hermanos, que si hemos dado días enteros a los placeres podemos hacer tiempo para alcanzar la sabiduría de lo alto. Hubo un tiempo en que dedicábamos noches enteras a la lujuria y los salones, a la jarana del mundo; entonces no nos cansábamos; reprendíamos al sol porque amanecía demasiado temprano, deseando que las horas se alargaran un poco para poder disfrutar de un desenfreno más salvaje y tal vez de mayor pecado. ¿Por qué nos agobiamos en las obras sagradas? ¿Por qué nos cansamos cuando se nos pide que velemos con el Señor? ¡Arriba, corazones perezosos, Jesús os llama! ¡Levantaos para encontraros con el Amigo en el lugar en que El se manifiesta! No podemos pretender parecernos más a nuestro Señor a menos que sigamos su ejemplo y consagremos más tiempo a la comunión con el Padre. Un avivamiento que trajera verdadera oración produciría una revolución espiritual.

Se puede decir enfáticamente que ningún santo perezoso ora. ¿Puede haber un santo perezoso? ¿Puede haber un santo que no ore? La oración perezosa disminuye la corona y el reinado de la santidad. ¿Puede haber un soldado cobarde? ¿Puede haber un santo hipócrita? ¿Puede haber inmoralidad virtuosa? Sólo si se dan estas contradicciones puede encontrarse un santo que no ore.

Orar es un trabajo aburrido, pero no difícil. Decir oraciones en una manera decente y delicada no es trabajo pesado, pero orar verdaderamente, orar hasta que el infierno sienta el golpe que se le está asestando, orar hasta que las puertas de hierro de las dificultades se abran, hasta que las montañas de obstáculos desaparezcan, hasta que se disipe la neblina y se levanten las nubes —esto sí es un trabajo duro, pero es la mejor obra de Dios y el mejor oficio del hombre. Nada es menos vano que el esfuerzo de las manos, la cabeza y el corazón en la oración. Es duro esperar, insistir y orar sin escuchar voz alguna, pero espera hasta que Dios conteste.

La oración honra a Dios, lo reconoce, exalta su poder, adora su providencia y obtiene su ayuda.

Un seudoracionalismo se mofa y se pronuncia en contra de la devoción, afirmando que no hace otra cosa que orar, pero orar bien es hacer todas las cosas bien. Si resulta cierto que la devoción sólo se muestra en oración, entonces no hace absolutamente nada. Porque el antecedente, el complemento y la consecuencia subsiguiente a la oración no es otra cosa que la suma de las energías de una piedad práctica y laboriosa.

¿Por qué no oramos? ¿Cuáles son los obstáculos de la oración? Este no es un asunto trivial o curioso. Atañe no sólo a todo el problema de la oración, sino a todo nuestro cristianismo. El cristianismo está destinado a decaer cuando se obstaculiza la oración. *El que está demasiado ocupado para orar está demasiado ocupado para vivir una vida de santidad.*

Las otras obligaciones nos absorben y van desplazando a la oración. "Muerte por asfixia" sería el veredicto del médico forense en muchos casos de oración extinguida, si se llevara a cabo una investigación sobre esta tremenda calamidad espiritual.

Esta forma de frenar la oración es tan natural, tan fácil, tan inocente, que nos toma a todos por sorpresa. Si permitimos que otras cosas sofoquen nuestra oración siempre la ahogarán. Lo que más le interesa a Satanás es que la hierba crezca en el camino que conduce a nuestra cámara de oración. Un aposento cerrado implica exceso de trabajo religioso o lo que es peor, haber hecho una transferencia y mantener nuestra religión a nombre de otro y no de Dios, y para la gloria de algún otro.

Uno de los trucos más astutos de Satanás es destruir lo mejor con lo bueno. El trabajo y otras obligaciones son buenas, pero estamos tan sumidos en ellas que desplazan y destruyen lo mejor. La oración protege la ciudadela de Dios y si Satanás logra debilitar la oración por algún medio, tiene ventaja, y cuando la oración está muerta, la ciudadela puede ser tomada por asalto.

Debemos cuidar la oración como el centinela leal monta guardia sin desmayo. No debemos mantenerla medio hambrienta y débil como un bebé, sino con la fortaleza de un gigante.

La oración es un don raro, no es un don popular y fácil de obtener. No es el fruto de talentos naturales; es el producto de la fe, la santidad y el carácter profundamente espiritual. Los hombres aprenden a orar del mismo modo que aprenden a amar. El perfeccionamiento en la sencillez, en la humildad, en la fe, son los principales ingredientes de este aprendizaje y los novicios en ésto no son adeptos en la oración.

Debemos vivir para Dios fuera de la recámara si queremos encontrarnos con Dios en la recámara. Si honramos a Dios con una vida de oración, obtendremos la bendición de Dios en nuestra cámara de oración. Si cumplimos la voluntad de Dios en nuestra vida, Dios acercará su oído para escuchar nuestras oraciones. Si escuchamos la voz de Dios en público, Dios nos escuchará en lo secreto. Si Dios nos posee fuera de nuestro aposento, podremos poseerle dentro de él. No hay otra forma de orar a Dios que viviendo para él.

Para ser fuerte, nuestra oración debe estar apoyada por una vida santa. Debemos honrar el nombre de Cristo en nuestra vida antes de que El honre nuestra intercesión. *La vida de fe perfecciona la oración de fe.*

"El secreto de una oración que prevalece es orar bajo la inspiración del Espíritu Santo, cuyas peticiones por nosotros y en nosotros están siempre de acuerdo a la voluntad divina y, por lo tanto, garantizan una respuesta. Orar en el Espíritu Santo no es otra cosa que cooperar con la voluntad de Dios y esa oración es siempre victoriosa. ¡Cuántos cristianos no pueden orar, y se esfuerzan mediante decisiones, círculos de oración, sin obtener resultados! Para ellos y para todos, aquí está el único secreto de una verdadera vida de oración: 'Sed llenos del Espíritu', que es el 'Espíritu de toda gracia y súplica'."

—Reverendo J. Stuart Holden

El capítulo precedente afirmaba que la oración puede hacer todo lo que Dios puede hacer. Es una afirmación tremenda, pero nace de la historia y de la experiencia. Si permanecemos en Cristo —y si lo hacemos significa que estamos viviendo en obediencia a su santa voluntad—, y nos acercamos a Dios en su nombre, se abren ante nosotros los infinitos recursos del tesoro celestial. La oración no es algo oficial, ceremonioso y formal, sino algo directo, sentido, intenso. El propósito de pedir es recibir. La meta de una búsqueda es hallar. La intención de llamar es ser atendido, y Cristo afirma una y otra vez que la oración será contestada con toda seguridad; promete que sin ninguna duda se lograrán sus propósitos, no dando un rodeo, sino obteniendo exactamente aquello que se ha pedido.

El valor de la oración no está en la cantidad de oraciones, ni en la extensión de las mismas; su valor radica en el privilegio de descargar nuestros deseos ante Dios y hacerle nuestras súplicas, y El nos concederá nuestras peticiones. El hijo pide porque está acostumbrado a que el padre satisfaga sus peticiones. Como hijos de Dios, tenemos necesidades, necesidades imperiosas, y vamos a Dios por ellas. Ni la Biblia ni los hijos de Dios suscribirían esa declaración hereje de que debemos contestar nuestras propias oraciones. Dios contesta las oraciones. El verdadero cristiano no ora para conmoverse, puesto que su oración le pone en condiciones de aferrarse a Dios.

Las personas que están en relación con Dios y que saben orar, no se extrañan al recibir la respuesta. Están seguros de ser oídos, ya que piden de acuerdo a lo que saben que es la mente y la voluntad de Dios. El Dr. William Burt, obispo de la Iglesia Metodista Episcopal de Europa, cuenta que hace algunos años, cuando visitó la Escuela para muchachos en Viena, supo que aunque el año no había concluído, todos los fondos disponibles se habían gastado. Dudaba respecto a hacer una petición especial a sus amigos. Consultó a los profesores. Llevaron el asunto a Dios en oración continua y honesta, creyendo que Dios concedería lo que pedían. Diez días más tarde el obispo estaba en Roma, y le llegó una carta de un amigo en Nueva York, que esencialmente decía: "Mientras iba a mi oficina a Broadway una mañana (y fue el mismo día en que habían estado orando los profesores), me pareció sentir una voz que me decía que ustedes necesitaban dinero para la escuela de muchachos en Viena. Con mucho gusto incluyo un cheque para esa obra." *El cheque era por la cantidad de dinero que necesitaban. No había habido ninguna comunicación humana* entre Viena y Nueva York, pero no habían terminado de orar cuando Dios ya les había contestado.

Todos los avivamientos de los que tenemos noticia han sido ungidos por la oración. Tomemos, por ejemplo, el asombroso avivamiento en Shotts (Escocia), en 1630. Sabiendo que varios ministros —de los que luego serían perseguidos— tomarían parte en una solemne convocatoria ya tradicional, una gran multitud de personas devotas se congregaron desde todos los puntos del país, *y pasaron varios días en oración como grupo, preparatoria para el servicio. Durante la noche, en lugar de retirarse a descansar, la multitud se dividió en pequeños grupos y pasaron toda la noche en súplica y alabanza.* El lunes se dedicó a la acción de gracias, práctica no común entonces, y resultó ser el gran día de la fiesta. Después de mucha insistencia, un joven todavía no ordenado, John Livingston, capellán de la condesa de Wigtown, aceptó predicar. *Había pasado la noche orando* y conferenciando, pero cuando se aproximaba la hora de la asamblea, su corazón desfalleció ante el pensamiento de que debía dirigirse a muchas personas mayores y más experimentadas, y literalmente huyó de la obligación que había contraído. Pero justo cuando la iglesia de Shotts desaparecía de su vista le asaltaron estas palabras: "¿He sido alguna vez un desierto estéril o una tierra de oscuridad?", —con tanta fuerza que le obligaron a retornar a su tarea. Tomó el texto de Ezequiel 36:25, 26 y habló sobre él con gran poder durante casi dos horas. Se calcula que hubo quinientas conversiones con ese solo sermón, al que precedió la oración.

No nos importan sus espléndidas habilidades como ministro ni sus dotes naturales como orador. Estamos seguros de que la clave del asunto es que nadie puede alcanzar el éxito ni convertirse en un verdadero hombre de oración a menos que se aplique intensamente a ello. Estoy totalmente convencido de que la diferencia entre santos como Wesley, Fletcher, Edwards, Brainerd, Bramwell, Bounds y nosotros mismo es la energía, perseverancia y determinación invencible de triunfar o morir en el intento de aquellos hombre, que Dios nos ayude.

Homer W. Hodge

Cierto predicador, cuyos sermones producían muchas conversiones, recibió una revelación de Dios haciéndole saber que no eran sus sermones ni todo su trabajo, sino las oraciones de un hermano analfabeto, que se sentaba en los escalones del púlpito, suplicando por el éxito de los sermones. Lo mismo puede llegar a ocurrir con nosotros el día que se manifiesten todas las cosas. No es extraño que, después de trabajar fuerte y agobiantemente, todo el honor pertenezca a otro constructor cuyas oraciones eran de oro, plata y piedras preciosas, mientras nuestros sermones sin oración no eran más que paja y rastrojo.

Charles Haddon Spurgeon

Capítulo tres

PODER POR MEDIO DE LA ORACION

Constantemente intentamos, y a veces nos esforzamos, por encontrar nuevos métodos, nuevos planes nuevas organizaciones para hacer avanzar la iglesia y asegurar la difusión y la eficiencia del Evangelio. Este enfoque actual tiende a perder de vista al hombre o sumirlo en el plan o la organización. El plan de Dios es engrandecer al hombre, mucho más que a cualquier otra cosa. Los hombres son el método de Dios. La iglesia está buscando mejores métodos, pero Dios está buscando mejores hombres.

Lo que la iglesia necesita hoy no son más y mejores recursos, nuevas organizaciones o métodos mejores y nuevos, sino hombres poderosos en oración. El Espíritu Santo no fluye a través de los métodos, sino de los hombres. No viene a las instituciones sino a los hombres. No unge planes sino hombres —hombres de oración.

El hombre hace al predicador, pero Dios debe hacer al hombre. El mensajero es, en lo posible, más que el mensaje. El predicador es más que el sermón, ya que el predicador hace el sermón. Así como la leche vital que brota del pecho de la madre que da de mamar no es otra cosa que el fluir de su propia vida, así también todo lo que el predicador dice está teñido, impregnado, de lo que el predicador es. El tesoro está en vasijas de barro, y el gusto de la vasija impregna el contenido y aun puede colorearle. El hombre, todo el hombre, está detrás del sermón. Predicar no es dar una conferencia de una hora, es el fluir de

una vida. Lleva veinte años hacer un sermón, porque lleva veinte años hacer un hombre. Un verdadero sermón es un asunto de vida. El sermón crece porque el hombre crece. El sermón tiene fuerza porque el hombre tiene fuerza. El sermón es santo porque el hombre es santo. El sermón está lleno de la divina unción porque el hombre está lleno de la divina unción.

El sermón no puede erguirse con más fuerza que la del hombre. Los hombres muertos producen sermones muertos, y los sermones muertos matan. Todo depende del carácter espiritual del predicador. Durante la dispensación judía el sumo sacerdote había inscrito en letras dobles sobre el frontispicio dorado: "Santificad ante el Señor." Del mismo modo cada predicador en el ministerio de Cristo debe ser modelado y dominado por este mismo lema sagrado. Jonathan Edwards dijo: "Continué con mi búsqueda ansiosa, buscando más santidad y más semejanza a Cristo. El cielo que deseaba era el cielo de la santidad."

El poder del amor debe constreñir al predicador como una fuerza excéntrica, dominante, que lo impulsa y lo hace olvidarse de sí mismo. La energía de la autonegación debe ser su esencia, su corazón, su sangre y sus huesos. Debe andar como un hombre entre los hombres, vestido de humildad, permaneciendo en mansedumbre, sabio como serpiente y manso como paloma; con la actitud del siervo y el espíritu de un rey; como un rey de andar elevado, majestuoso e independiente, y con la sencillez y la dulzura de un niño. El predicador debe entregarse, con todo abandono y la autonegación de una fe perfecta y de un celo avasallador, a la labor de salvar hombres. Sinceros, heroicos, compasivos, mártires valientes —así deben ser los hombres que se ocupan de modelar una generación para Dios. Si son tímidos en buscar tiempo y lugar; si buscan la aprobación de los hombres o temen a los hombres; si su fe no está fuertemente asentada en Dios y en su Palabra; si la negación de sí mismos se quiebra por cualquier contacto con el yo o con el mundo, no pueden alcanzar la iglesia ni al mundo para Dios.

La predicación más severa y fuerte del predicador debe ser para sí mismo. Su labor más difícil, delicada, laboriosa y completa debe ser consigo mismo. La tarea más grande, difícil y agotadora de Cristo fue entrenar los doce apóstoles. No son grandes talentos ni gran aprendizaje ni grandes predicadores lo que Dios necesita, sino hombres grandes en santidad, grandes en fe, grandes en amor, grandes en fidelidad, grandes para Dios —hombres que estén siempre predicando con sermones santos en el púlpito y con vidas santas fuera de él. Estos son los que pueden modelar una generación para Dios.

El verdadero sermón se prepara en la recámara. El hombre —el hombre de Dios— se hace en la recámara. Su vida y sus más profundas convicciones nacieron en la comunión secreta con Dios. La agonía sollozante y pesada de su espíritu y los mensajes más llenos y más dulces los obtuvo estando a solas con Dios. La oración modela al hombre; la oración modela al predicador; la oración modela al pastor.

Los púlpitos de nuestros días están desprovistos de oración. El orgullo de los conocimientos atenta contra la humilde dependencia de la oración, que aparece sobre el púlpito mayormente como algo oficial, un acto que corresponde a la rutina del culto. La oración no es en el púlpito moderno la energía poderosa que era en la vida de Pablo y en su ministerio. Todo predicador que no haga de la oración un factor poderoso en su propia vida y ministerio es un factor débil en la obra de Dios y carece de poder para difundir la causa de Dios hacia el mundo.

La predicación que mata es la predicación que no es espiritual. La habilidad para predicar no viene de Dios, recursos inferiores a Dios pueden darle energía y estímulo. El Espíritu no resulta manifiesto ni en el predicador ni en su predicación. *La predicación que mata* puede producir diversas fuerzas y estímulos, pero no son fuerzas espirituales. *La predicación que mata* es la letra; puede tener buena forma y buen orden, pero sigue siendo la letra seca y fría; es la ostra vacía, pelada. La letra puede contener el germen de la vida, pero no tiene aliento para producirla.

Son semillas de invierno, duras como el suelo en invierno, frías como el aire de invierno, que no se deshielan ni germinan por sí mismas. La letra de la predicación contiene la verdad, pero ni siquiera la verdad divina tiene energía vital por sí misma; tiene que recibirla del Espíritu, con todas fuerzas de Dios por detrás. La verdad que no está vitalizada por el Espíritu de Dios mata igual o mucho más que el error. Puede ser una verdad muy correcta; pero sin el Espíritu su sombra y su contacto matan, es el error en la verdad, la oscuridad en la luz. La letra de la predicación no está ungida ni suavizada ni lubricada por el Espíritu. Puede haber lágrimas, pero las lágrimas no hacen funcionar la maquinaria de Dios; las lágrimas pueden ser como un soplo de verano sobre un témpano cubierto de nieve, nada más que una pintura superficial. Puede haber sentimientos y sinceridad, pero no son más que la emoción del actor y la sinceridad del abogado. El predicador puede sentir la lumbre de sus propios destellos, ser elocuente en su propia exégesis, sincero en la reflexión de su propio cerebro; el catedrático puede usurpar el lugar e imitar el fuego del apóstol; el cerebro y los nervios pueden hacerse cargo y fingir la obra del Espíritu de Dios, y mediante esas fuerzas la letra puede brillar y alumbrar como un texto iluminado, pero la llama y la luz carecerán de vida como un campo que se siembra con perlas. El germen de la muerte está detrás de las palabras, detrás del sermón, detrás del momento, detrás del modo, detrás de la acción.

El gran obstáculo está en el mismo predicador, que no tiene en sí mismo las poderosas fuerzas que producen la vida. Todo puede estar bien en cuanto a su ortodoxia, honestidad, limpieza, sinceridad; pero de alguna forma el hombre interior, no ha sido quebrantado en secreto y humillado ante Dios y su vida interior no es una avenida abierta a la transmisión del mensaje de Dios, del poder de Dios. Puede ocurrir que el yo y no Dios gobierne al más santo de los santos. En algún punto, que él mismo desconoce, un elemento espiritual no conductor ha entrado en contacto con su ser interior y la corriente divina se ha detenido. Su ser interior nunca ha sentido la total bancarrota espiritual, su absoluta falta de poder; no ha aprendido a clamar con una inefable exclamación de desesperación e impotencia hasta que el poder de Dios y el fuego de Dios entre y lo llene, lo purifique, lo fortalezca. La autoestima, la propia habilidad ha difamado y violado de una manera el templo que debía conservarse sagrado para Dios. *Para hacer una predicación que produzca vida el predicador debe morir a sí mismo, crucificarse al mundo, trabajar sobre su propia alma.* Sólo una predicación basada en la autocrucifixión puede dar vida.

La predicación que mata puede ser, y a menudo lo es, ortodoxa —dogmática e inviolablemente ortodoxia. Nos encanta la ortodoxia. Es buena, es lo mejor. Es la enseñanza limpia y bien recortada de la Palabra de Dios, los trofeos obtenidos por la verdad en su batalla contra el error, las barreras que la fe ha levantado contra las desoladoras inundaciones de la incredulidad honesta o temeraria; pero la ortodoxia, clara y dura como el cristal, suspicaz y militante, puede no ser más que la letra bien conformada, bien pronunciada, bien aprendida, la letra que mata. Nada es tan muerto como la ortodoxia muerta, demasiado muerta para especular, demasiado muerta para pensar, para estudiar o para orar.

La predicación que mata puede tener visión y captar los principios, puede tener sentido académico y crítico, puede revisar cada minucia sobre la etimología y la gramática de la letra, puede modelar la letra hasta la perfección, iluminarla como lo hubieran hecho Platón o Cicerón, estudiarla como un abogado estudia sus leyes para hacer la presentación con que va a defender su caso, y sin embargo no ser más que un trozo de hielo mortal.

Esta predicación puede ser elocuente, esmaltada con lírica y retórica, rociada con la oración, condimentada con sentimientos, iluminada por el genio y, sin embargo, no ser más que un costoso montaje macizo y virtuoso, como las bellas y exóticas flores con que se rodea a un cadáver. *La predicación que mata* puede carecer de erudición no estar marcada por ningún sentimiento o reflexión original, presentada con generalidades sin gusto, sin estilo, puede ser desaliñada, sin oración y sin estudio, sin la gracia de la reflexión, la expresión ni la oración. ¡Qué extrema desolación, que profunda muerte espiritual produce esa predicación!

La predicación que mata es una predicación sin oración. Sin la oración, la predicación produce muerte, no vida. El predicador débil en la oración es débil para producir vida. El predicador que ha retirado la oración como un elemento conspicuo y permanente en su propio carácter ha quitado de su predicación el poder de dar vida. Puede haber oración profesional, y siempre la habrá, pero la oración profesional sólo contribuye a hacer más mortífera la predicación. La oración profesional congela y mata tanto a la predicación como a la oración. Gran parte de las actitudes irreverentes y de la falta de devoción en la oración congregacional se debe a la oración profesional hecha desde el púlpito. Las oraciones de muchos púlpitos son largas, retóricas, secas, vacías. Sin la unción espiritual, caen como un granizo mortal sobre las bendiciones de la adoración. Son oraciones que rondan la muerte, todo vestigio de devoción perece bajo su aliento. Cuando más muertas están, más largas se hacen. Es necesario rogar que en el púlpito haya oraciones breves, oraciones vivas, realmente sentidas, oraciones hechas en el Espíritu Santo, oraciones directas, específicas, ardientes, sencillas y ungidas. Una escuela que enseñara a los ministros a orar como Dios quiere que oremos, beneficiaría más la verdadera piedad, la verdadera adoración y la verdadera predicación que todas las escuelas teológicas.

Spurgeon dice: "Como es natural el predicador se distingue sobre los demás como hombre de oración. Debe orar como un cristiano común, de lo contrario sería un hipócrita. Debe orar más que un cristiano común, de lo contrario no será apto para el oficio que ha asumido. Sería lamentable que siendo pastor no fuera usted un hombre de oración. Si se vuelve flojo en la devoción sagrada, no sólo le tendrán pena, sino que llegará el día que será confundido y avergonzado. Todas nuestras bibliotecas y nuestros estudios no son nada comparado al aposento de la oración. Nuestros días de ayuno y oración en el Tabernáculo, sin duda han sido grandes días; las puertas del cielo nunca han estado tan abiertas, nunca han estado nuestros corazones tan cerca de la mayor gloria."

La oración no es un hábito que esté prendido en nosotros mientras estamos pegados a las faldas de nuestra mamá; tampoco es una frase decente de un instante de agradecimiento pronunciado sobre los alimentos, sino un trabajo serio de nuestros años más serios. Requiere más tiempo y apetito que nuestros almuerzos más largos y nuestras fiestas más opulentas. La oración que enriquezca nuestra predicación debe ser una oración importante. El carácter de nuestra oración determinará el carácter de nuestra predicación. La oración liviana producirá predicación liviana. La oración fortifica la predicación, le da unción y produce, un efecto. En todo ministerio valioso, la oración ha sido siempre un asunto serio.

El predicador debe ser preeminentemente un hombre de oración. Su corazón debe graduarse en la escuela de oración, siendo el único lugar donde el corazón puede aprender a orar. Ningún conocimiento puede compensar el fracaso en la oración, ni la sinceridad, ni la diligencia, ni el estudio ni los dones suplen esta falta.

Hablarle a los hombres sobre Dios es algo grandioso, pero hablarle a Dios sobre los hombres es más grandioso aun. Quien no haya aprendido bien cómo hablar a Dios acerca de los hombres, nunca hablará bien ni con verdadero éxito a los hombres acerca de Dios. Aun más, las palabras pronunciadas sin oración en el púlpito o fuera de él, son palabras mortíferas.

En la vida del predicador, en su estudio, en su púlpito, la oración debe ser una fuerza destacada que todo lo impregne, un ingrediente que todo lo colorea. No debe representar un papel secundario, no debe ser un simple barniz. A él se le da la posibilidad de estar con su Señor "toda la noche en oración". Para entrenarse en la oración, negándose a sí mismos, se le ordena al predicador que mire a su Señor, el cual "levantándose muy de mañana, siendo aun muy oscuro, salió y se fue a un lugar desierto, y allí oraba." El escritorio o la oficina del predicador debiera ser una recámara, un Betel, un altar, una visión, una escalera por la que todo pensamiento pudiera subir al cielo antes de salir a los hombres; que cada parte del sermón fuera aromatizado por el aire del cielo y conformado seriamente ante la presencia de Dios.

Del mismo modo que la máquina no se mueve hasta que se la arranca, así la predicación, con toda su maquinaria, su perfección y su brillo, está tan inmóvil como si estuviera muerta en lo que se refiere a resultados espirituales, hasta que la oración no enciende el motor y crea el movimiento. La textura, la delicadeza y la fuerza del sermón no es más que basura si el poderoso impulso de la oración no está en él, a través de él, detrás de él. Mediante la oración, el predicador debe lograr colocar a Dios en el sermón. Por la oración, el predicador debe movilizar a Dios hacia la gente antes de movilizar a la gente hacia Dios. El predicador debe haber tenido audiencia y acceso a Dios antes de poder tener acceso a la gente. Un camino abierto hacia Dios es la mejor garantía de tener el camino abierto a la gente.

Es necesario insistir y repetir que la oración, si es una mera costumbre, un gesto realizado por rutina de modo profesional, es algo muerto y putrefacto. Esa clase de oración no tiene nada que ver con la oración por la que estamos pidiendo. Estamos señalando la verdadera oración, la que compromete e inflama cada aspecto importante en el ser del predicador —la oración que nace de la identificación vital con Cristo y de la plenitud del Espíritu Santo, que fluye de los profundos y rebosantes manantiales de la compasión afectuosa, de la solicitud infinita por el bien eterno del hombre, de un celo consumidor por la gloria de Dios y de la convicción de que la obra de la predicación es difícil y delicada y requiere imperiosamente la ayuda poderosa de Dios. La oración fundada en estas solemnes y profundas convicciones es la única oración verdadera. La predicación respaldada por tal oración es la única predicación que siembra la semilla de la vida eterna en el corazón humano y forma hombres para el cielo.

Los predicadores que obtienen grandes resultados para Dios son hombres que han persistido en sus ruegos a Dios antes de aventurarse a rogar a los hombres. Los hombres que son más poderosos ante Dios, en sus oraciones, son los más poderosos en el púlpito ante los hombres.

Los predicadores, como hombres que son, están expuestos y muchas veces se ven arrastrados por las fuertes corrientes humanas. La oración es una tarea espiritual y a la naturaleza humana no le agrada el trabajo espiritual exigente. La naturaleza humana quiere navegar hacia el paraíso con viento a su favor, en un mar profundo y suave. *La oración es un trabajo que humilla, que derriba el orgullo y el intelecto, crucifica la vanagloria confirma nuestra bancarrota espiritual, y todas estas cosas son duras de sobrellevar para la carne y la sangre.* Es más fácil no orar que soportar todo eso. Y así encontramos una de las faltas terribles de nuestra época y quizás de todas las épocas —la escasez o la falta de oración. De estos dos males, quizás la escasez de oración sea peor que la falta de ella. La oración escasa es una especie de fachada, una forma de mitigar la conciencia, una farsa y un engaño.

El predicador ha recibido la comisión de orar, así como de predicar y su misión no está completa si no hace ambas cosas bien. El predicador puede hablar con toda la elocuencia de los hombres y de los ángeles; pero a menos que pueda orar con una fe que atraiga toda la ayuda del cielo, su predicación será como "metal que resuena o címbalo que retiñe" en cuanto a salvar almas y honrar a Dios de modo permanente.

La oración sentida como una fuerza poderosa es el producto actual o inmediato de pasar mucho tiempo con el Señor. Nuestras oraciones breves deben su precisión y eficiencia a las largas oraciones que las han precedido. La oración breve y eficaz no puede ser pronunciada por quien no ha persistido con Dios en una lucha más larga y más fuerte. Jacob no hubiese obtenido la victoria de fe sin aquella noche de lucha. La intimidad con Dios no se forja con llamadas cortas, pues el no concede sus dones a los que van y vienen con prisas. El secreto de conocer a Dios y de tener influencia en El es estar mucho tiempo solos con El, que cede ante la insistencia de una fe que le conoce.

Los hombres que plenamente han mostrado a Cristo en su carácter, y que han influído más poderosamente al mundo para El, han sido hombres que han pasado mucho tiempo con Dios hasta hacer de él un factor característico en sus vidas.

Charles Simeon — consagraba de 4 a 8 de la mañana su tiempo a Dios.

John Wesley — pasaba dos horas diarias en oración. Comenzaba a las cuatro de la mañana. Alguien que lo conocía escribió: "Consideraba la oración como su tarea principal, y le he visto salir de su habitación con una serenidad en el rostro que se aproximaba al resplandor."

John Fletcher — manchaba las paredes de su habitación con el aliento de su oración. A veces oraba toda la noche; siempre lo hacía abundantemente y con gran sinceridad. Toda su vida era una vida de oración. "No podía levantarme de mi asiento

—decía—, sin elevar mi corazón a Dios." Su forma de saludar a sus amigos era: "¿Te encuentro orando?"

Martin Lutero — dijo: "si no paso dos horas en oración cada mañana, el diablo obtiene la victoria durante el día. Tengo tanto trabajo que no puedo salir adelante si no paso tres horas diarias en oración." Tenía un lema: "El que ha orado bien, ha estudiado bien."

Arzobispo Leighton — estaba tanto a solas con Dios que parecía estar en perpetua meditación. "La oración y la alabanza eran su tarea y su deleite." —dijo su biógrafo.

Obispo Ken — estaba tanto con Dios que se decía que su alma estaba enamorada de Dios. Se encontraba con Dios antes que el reloj diera las tres de la madrugada todos los días.

El Obispo Asbury — dijo: "Me propongo levantarme a las cuatro de la mañana tan a menudo como pueda y pasar dos horas en oración y meditación."

Samuel Rutherford — cuya piedad todavía llena el ambiente de fragancia, se levantaba a las tres de la mañana para encontrarse con Dios en oración.

Joseph Alleine — se levantaba a las cuatro para orar hasta las ocho. Si escuchaba otros vendedores gritando su mercancía antes que él se hubiera levantado, exclamaba "¡Qué vergüenza! ¿No merece mi Señor más que el de ellos?"

El que ha aprendido bien este negocio, puede extraer lo que necesite a voluntad y sin reclamos del infalible banco celestial.

John Welch — el santo y maravilloso predicador escocés, pensaba que había desperdiciado el día si no pasaba ocho a diez horas en oración.

Obispo Wilson — dice: "En el diario de Henry Martyn, lo que más me impresiona es el espíritu de oración, el tiempo que le consagraba y el fervor con que lo hacía."

Edward Payson — gastaba las duras maderas del suelo sobre el que se arrodillaba tan a menudo y tan largamente. Su biógrafo dice: "Su constancia en la oración, sean cuales fueren sus circunstancias, es el hecho más notable en su vida y marca la obligación de cualquiera que quisiera rivalizar con él en eminencia. Su notable y casi ininterrumpido éxito debe atribuirse sin duda a sus oraciones fervorosas y perseverantes.

El marqués DeRenty — para quien Cristo era lo más precioso, ordenó a su sirviente que lo llamara para terminar sus devociones al cabo de media hora. Pasado el tiempo el sirviente lo miró por una rendija y vio su rostro marcado por tal santidad que no quiso interrumpirle. Sus labios se movían, pero estaba en perfecto silencio. Esperó hasta que había pasado media hora tres veces media hora, y luego lo llamó. Cuando se levantó de sus rodillas, dijo que media hora le resultaba demasiado corta cuando estaba en comunión con Cristo.

David Brainerd — dijo: Me encanta estar solo en mi cabaña, donde puedo pasar mucho tiempo orando.

William Bramwell — es famoso en los anales metodistas por su santidad personal y el éxito maravilloso que tenía en la predicación y por las grandiosas respuestas a sus oraciones. En una época oraba durante horas. Prácticamente vivía sobre sus rodillas. Pasaba sobre sus diócesis como una llama de fuego. Esa llama se avivaba gracias al tiempo que pasaba en oración, llegando a pasar hasta cuatro horas continuadas en retiro, dedicado a la oración.

Sir Henry Havelock — siempre pasaba las dos primeras horas del día con Dios. Si el campamento se levantaba a las seis, él se levantaba a las cuatro.

Earl Cairns — se levantaba diariamente a las seis para asegurarse una hora y media de estudio de la Biblia y oración antes de dirigir a la familia en oración conjunta a las ocho menos cuarto.

Adoniram Judson — su éxito en la oración se atribuye al hecho de que pasaba mucho tiempo en oración. El dice al respecto: "Arregla tus asuntos de modo que puedas dedicar libremente dos o tres horas diarias, no a un mero ejercicio devocional sino a la verdadera oración secreta y a la comunión con Dios. Procura retirarte de la gente y del trabajo siete veces al día y eleva tu alma a Dios en retiro personal. Comienza el día levantándote después de la media noche y consagrando un tiempo en el silencio y la oscuridad de la noche a esta labor sagrada. Que el amanecer te encuentre en la misma tarea. Y lo mismo a las 9, a las 12, a las 3, a las 6 y a las 9 de la noche. No seas inestable en este asunto. Haz todos los sacrificios necesarios para mantenerlo. *Considera que tu tiempo es corto y que ni el trabajo ni la gente deben privarte de Dios.*" ¡Es imposible —decimos nosotros— ¡Son indicaciones fanáticas! El Dr. Judson impresionó a todo un imperio con el mensaje de Cristo y colocó los fundamentos del reino de Dios sobre granito en el corazón de Birmania. Fue un hombre que tuvo éxito, que difundió a Cristo en el mundo como pocos lo han hecho. Muchos hombres han tenido mayores dones, más genialidad y más conocimientos y no han hecho tal impacto; su obra religiosa es como las huellas en la arena, en cambio él ha grabado su trabajo en diamante.

En los tiempos apostólicos se esperaba que en el pueblo de Dios, todos y cada uno, "alcanzaran la unidad de la fe y del conocimiento del Hijo de Dios, a un varón perfecto, a la medida de la estatura de la plenitud de Cristo." No había premios para enanos, ni estímulos para bebés de larga duración. Los bebés debían crecer; los viejos, en lugar de caracterizarse por lo debilidad y las enfermedades, debía poseer los frutos de la edad avanzada y estar gordos y florecientes.

No hay cantidad de dinero, genio o cultura que pueda mover cosas para Dios. El secreto del poder es la santidad que da energía a las almas, el amor que inflama todo el hombre con un deseo de alcanzar más fe, más oración, más celo, más consagración. Esto es lo que necesitamos y debemos tener, y los hombres deben ser una encarnación de esta devoción inflamada de Dios. Por su falta, el avance de Dios se ha detenido, su causa ha sido paralizada, y su nombre deshonrado, El genio (por excelso y elevado que sea), la educación (por culta y refinada que sea), la posición, la dignidad, la categoría, el honor, la religiosidad no pueden mover el carro de nuestro Dios, es un carro de fuego y sólo fuerzas fogosas pueden moverlo. El genio de Milton falla, la fuerza imperial de Leo falla. El espíritu de Brainerd puede moverla. El espíritu de Brainerd estaba encendido para Dios, encendido por las almas. No había nada terrenal, mundano o egoísta que pudiera disminuir en lo más mínimo la intensidad de esta llama y esta fuerza que todo lo impulsaba y consumía. La oración es lo que crea y a la vez guía la devoción. El espíritu de la devoción es el espíritu de oración. La oración y la devoción están tan unidas como cuerpo y espíritu, como el corazón y la vida. No hay verdadera oración sin devoción, ni hay devoción sin oración. El predicador debe estar entregado a Dios en la más sagrada devoción. No es un profesional; su ministerio no es una profesión; es una institución divina, una devoción divina. El predicador, sobre todas las cosas, debe estar consagrado a Dios. La relación del predicador con Dios es la insignia y las credenciales de su ministerio. Deben ser claras, inconfundibles, no dejar lugar a dudas. Su piedad no puede ser del tipo común y superficial. Si no sobresale en gracia, no sobresale en nada. Si no predica por medio su vida, de su carácter, de su conducta, no predica en absoluto. Si su piedad es como una luz, su predicación será tan suave y tan dulce como la música, tan dotado como la de Apolo, y pesará como una pluma, ligera, visionaria, flotando en la nube de la mañana o el rocío temprano.

Nunca como ahora ha necesitado la causa de Dios que se le muestre las posibilidades de la oración. Ninguna época ni ninguna persona pueden ser ejemplos del poder del Evangelio a menos que sean épocas o personas de profunda y sincera oración. Una época que carezca de oración tendrá escasos modelos de poder divino. Los corazones carentes de oración jamás subirán hasta las alturas de los Alpes. Una época puede ser mejor que la anterior, pero hay una diferencia infinita entre la mejora de una época producida por el progreso de la civilización y su mejoramiento por el aumento de la santidad y la semejanza a Cristo a través del poder de la oración. Los judíos estaban mucho mejor en la época que vino Cristo que en tiempos pasados. Era la época de oro de la religión farisaica. Su edad de oro crucificó a Cristo. Nunca hubo más oración y nunca hubo menos oración; nunca hubo más sacrificios y nunca hubo menos sacrificios; nunca más idolatría, nunca menos idolatría; nunca se adoró tanto al templo y tan poco a Dios; nunca hubo tanta adoración de labios y tan poca adoración de corazón (adoraban a Dios con los labios y crucificaron al Hijo de Dios con el corazón y las manos); nunca hubo tantos pietistas y tan pocos santos.

Es la fuerza de la oración la que forja los santos. Las personas santas se modelan por el poder de la verdadera oración. Cuanto más santos verdaderos haya, tanto más oración verdadera habrá; cuanto más oración verdadera, tantos más verdaderos santos.

Los hombres de oración poderosa son hombres de fortaleza espiritual. *Las oraciones nunca mueren.* Toda la vida de Brainerd fue una vida de oración. Oraba día y noche. Oraba antes de predicar y después de predicar. Oraba cabalgando por las interminables soledades de los bosques. Oraba sobre su cama de paja. Se retiraba a los solitarios y densos bosques para orar. Hora tras hora, día tras día, temprano en la mañana y tarde por la noche, estaba orando y ayunando, intercediendo, teniendo comunión con Dios. El estaba poderosamente con Dios en oración y Dios estaba poderosamente con él, y por ello, aun estando muerto, habla y obra y seguirá hablando y obrando hasta el fin de los tiempos.

Jonathan Edwards dice de él: "Su vida muestra la forma correcta de triunfar en la obra del ministerio. Buscaba el éxito como un soldado busca la victoria en un sitio o en una batalla; o como un hombre que corre una carrera por un gran premio. Animado por el amor a Cristo y a las almas, ¿cómo trabajaba? Siempre fervientemente. No sólo en palabras y en doctrina, en público y en privado, sino en oración día y noche, luchando con Dios en secreto y esforzándose como en un trabajo de parto con gemidos y agonías indecibles, hasta que Cristo se formara en el corazón de la gente a quienes le enviaba. Como verdadero hijo de Jacob, perseveraba luchando durante todas las oscuras horas de la noche, hasta que despuntaba el alba."

La oración, polifacética y de variados poderes, ayuda a la boca a expresar la verdad en su plenitud y en libertad. Se debe orar por el predicador, porque el predicador se hace a través de la oración. Se debe orar por los labios del predicador; su boca debe abrirse y llenarse por la oración. Una boca santa se forja a través de la oración, con mucha oración; una boca valiente se hace a través de la oración, con mucha oración. La iglesia y el mundo, Dios y el cielo, le deben mucho a la boca de Pablo; la boca de Pablo debía su poder a la oración.

¡De cuántas maneras y en cuántos aspectos la oración resulta para el predicador una ayuda valiosa, ilimitable, múltiple! Uno de sus grandes valores es que ayuda al corazón. La oración hace del predicador un predicador con sentimiento. La oración hace que el predicador ponga su corazón en su sermón;

la oración pone el sermón en el corazón del predicador.

Los sentimientos definen al predicador. Los hombres de gran corazón son grandes predicadores y los de corazón mezquino pueden hacer cierto bien, pero esto es raro.

Hemos enfatizado tanto la preparación del sermón que hemos perdido de vista lo importante que es preparar el corazón. Un corazón preparado es mucho mejor que un sermón preparado. Un corazón preparado hará un sermón preparado. Se han escrito muchos volúmenes definiendo la mecánica y el estilo para hacer sermones, hasta que nos ha invadido la idea de que este andamiaje es el edificio. Al joven predicador se le ha enseñado que dedique todo su esfuerzo a la forma, el estilo, la belleza del sermón como si fuera un producto mecánico e intelectual. Por consiguiente, hemos cultivado un gusto viciado en la congregación y hemos fomentado la exigencia de talento en lugar de la gracia, de elocuencia en lugar de la piedad, de la retórica en lugar de la revelación, de reputación y brillo en lugar de la santidad. Por ello hemos perdido el verdadero concepto de la predicación, hemos perdido el poder de la predicación, hemos perdido la mordaz convicción de pecado, hemos perdido el elevado carácter cristiano y su rica experiencia, hemos perdido la autoridad sobre las conciencias y las vidas, que siempre resulta de una predicación genuina.

No queremos decir que los predicadores estudian demasiado. Algunos de ellos no estudian nada; otros no estudian lo suficiente. Muchos no estudian de la forma que corresponde para que sean obreros aprobados por Dios, pero la mayor carencia no está en la falta de cultura, sino en el corazón de la cultura; nuestro grave defecto no es la falta de conocimiento, sino la falta de santidad. No es que sepamos demasiado, sino que no meditamos en su Palabra, no esperamos, ni ayunamos, ni oramos suficiente. Este es el gran obstáculo de nuestra predicación. Palabras impregnadas de la verdad divina no encuentran conductores en nuestro corazón; detenidas, caen vacías y sin poder.

¿Puede la ambición, que codicia la alabanza y la categoría, predicar el Evangelio de Aquel que se negó a sí mismo y tomó la forma de siervo? ¿Puede el hombre orgulloso, vano, egocéntrico, predicar el Evangelio de Aquel que era manso y humilde? ¿Puede el de mal carácter, impulsivo, egoísta, duro, mundano, predicar el mensaje que concuerda con la paciencia, la negación, de sí mismo, la ternura, que imperativamente exige abandonar la enemistad y crucificarse al mundo? El corazón es el salvador del mundo. Las cabezas no salvan. Ni la genialidad, ni el cerebro, ni la excelencia, ni la fuerza, ni los dones naturales salvan. El Evangelio fluye a través de los corazones. Las fuerzas más poderosas son las fuerzas del corazón. Las expresiones más dulces y tiernas son expresiones del corazón. Corazones grandes forjan grandes personalidades; los grandes corazones forjan personalidades santas. Dios es amor. No hay nada más grande que el amor, nada más grande que Dios. El amor es el fundamento del cielo; el cielo es amor. No hay nada más elevado, nada más dulce que el cielo. Es corazón y no la cabeza lo que hace a los grandes predicadores de Dios. El corazón cuenta mucho en todo sentido en la religión. El corazón debe saber escuchar a la congregación. En realidad, servimos a Dios con nuestros corazones y en el cielo no se rinde homenaje al cerebro.

El arte de predicar está en la unción. El predicador que nunca ha recibido esta unción nunca ha dominado el arte de la predicación. El predicador que ha perdido su unción ha perdido el arte de la predicación. Puede tener y conservar cualquier otro arte —el de hacer sermones, el de la elocuencia, el arte de pensar con claridad y excelencia, el arte de agradar a su público, pero ha perdido el divino arte de la predicación. Por la unción la verdad de Dios resulta poderosa, interesante, mueve y atrae, edifica, convierte y salva. La unción vitaliza la verdad revelada de Dios, la hace vida y vivificante. Hasta la verdad de Dios, pronunciada sin esta unción, es luz muerta y mortífera. Aunque tenga verdad en abundancia, aunque sea valiosa en reflexión, aunque brille por la retórica, aunque sea aguda en su lógica, aunque se destaque por su sinceridad, si le falta la unción divina discurre sobre la muerte y no sobre la vida. Spurgeon dice: "Me pregunto cuánto tendríamos que darnos con la cabeza en la pared para entender lo que significa predicar con unción. Sin embargo, el que predica reconoce su presencia y el que escucha advierte su ausencia. La hambrienta Samaria tipifica un discurso sin unción. Jersusalén, con sus fiestas de carne gorda, medulosa, puede representar un sermón enriquecido por la unción. Todos saben lo que es la frescura matinal cuando las perlas de oriente abundan en cada brizna de hierba, ¿pero quién puede describirla, mucho menos producirla por sí mismo? Así es el misterio de la unción espiritual. La conocemos, pero no podemos decirles a otros qué es. Es fácil y a la vez absurdo imitarla. La unción no es algo que puede fabricarse, y sus falsificaciones valen menos que nada. En cambio la unción misma no tiene precio, y es totalmente necesaria si pretendemos edificar creyentes y traer pecadores a Cristo."

La unción es aquella cosa indefinible e indescriptible que un viejo y conocido predicador escocés describió así: "A veces hay algo en la predicación que no puede describirse ni en su contenido ni en su forma, que no puede decirse qué es ni de dónde viene, pero con una dulce violencia penetra el corazón y los sentimientos y llega directamente del Señor; pero si hay alguna forma de obtener tal cosa, es sólo por la disposición espiritual del predicador."

Lo llamamos unción. Es esta unción la que le da precisión, agudeza y poder a las palabras del predicador y que produce movilización y quebranto en muchas congregaciones muertas. Las mismas verdades se han dicho con toda exactitud de la letra; con toda la suavidad que el lubricante humano podía darles; pero no hubo señales de vida, ni siquiera un latido; todo quedaba tan quieto como la tumba y la muerte. El mismo predicador recibe en ese lapso el bautismo de su unción; el aliento divino está sobre él, las letras de la Palabra han sido embellecidas e inflamadas por este misterioso poder y comienza a sentirse los latidos de la vida —vida que recibe o vida que resiste. La unción penetra y convence la conciencia y quebranta el corazón.

La unción es simplemente colocar a Dios en su propia Palabra y en su propio predicador. Mediante la oración poderosa y continua, se hace potencial y personal del predicador; inspira y aclara su intelecto, le da intuición y perspicacia y poder protector; le da al predicador poder del corazón, que es mayor que el poder del cerebro; le da ternura, pureza y fuerza nacidas del corazón. Amplitud, libertad, plenitud de pensamiento, precisión y simplicidad en la expresión —son los frutos de esta unción. La sinceridad y la unción se parecen en algunos aspectos. La sinceridad puede sustituirse o confundirse con la unción. Se requiere un ojo espiritual y un gusto espiritual para poder discriminarlas.

La honestidad puede ser sincera, seria, ardiente y perseverante. Avanza con buena voluntad, persigue con perseverancia, insta con ardor; actúa con fuerza. Pero todas estas fuerzas no se elevan más allá del hombre. El hombre está en ello —todo el hombre, con todo lo que tiene de voluntad y de afecto, de cerebro y de genio, de planificación, de trabajo, de oratoria. Se ha propuesto conseguir el propósito que lo domina, y que procura dominar. Dios puede estar totalmente ausente de él. Puede haber muy poco de Dios en ello, porque hay demasiado del hombre.

Se dijo de un predicador bastante famoso e inteligente, cuya interpretación de la Escritura se adaptaba a su imaginación y propósito, que "era elocuente conforme a su propia exégesis." Muchos hombres progresan con mucha sinceridad en sus propios planes y elaboraciones. La sinceridad puede ser egoísmo disimulado. ¿Pero qué hay de la unción? Es lo que distingue y separa a la predicación de todo discurso humano. Es lo divino en la predicación. Hace que la predicación sea dura con los que necesitan dureza. Destila como el rocío para aquellos que necesitan refrescarse. Se la describe bien como:

> . . . una espada de dos filos celestialmente templada; dobles son las heridas que produce donde llega a penetrar.
> Es la muerte del pecado; es vida a los que sufren por el mal.
> Enciende y apacigua la lucha; hace la guerra y trae la paz.

Esta unción no viene al predicador en su oficina, sino en su recámara. Es lo que el cielo destila en respuesta a la oración. Es la exaltación más dulce del Espíritu Santo. Impregna, difunde, ablanda, penetra, corta y consuela. Lleva la Palabra como dinamita, como sal, como azúcar; hace de la Palabra un consolador, un defensor, un revelador, un buscador; hace del que oye un reo o un santo, le hace llorar como criatura y vivir como un gigante; abre su corazón y su bolsillo con tanta suavidad y fuerza como la primavera abre las hojas. La unción no es el don del genio. No se encuentra en las salas de estudio. No hay elocuencia que logre conquistarla. No hay técnica que la supere. Las manos de ningún prelado pueden concederla. Es el don de Dios la señal para sus propios mensajeros. Es la marca real dada a los elegidos, a los leales y valientes que han buscado el honor de esta unción a través de muchas, penosas y sollozantes horas de oración.

La sinceridad es buena e imponente; el genio es inteligente y grande la reflexión inflama e inspira, pero se requiere un don más divino, una energía más poderosa que la sinceridad, el genio o la reflexión para quebrantar el pecado, para ganar a los apartados y a los corazones depravados para Dios, para restaurar las ramas y hacer volver a la iglesia sus viejos hábitos de pureza y poder. Sólo la unción sagrada puede lograrlo.

En el sistema cristiano la unción es la lubricación del Espíritu Santo, separando obreros para la obra de Dios y capacitándolos para ella. La unción es la capacitación especial y divina que permite al predicador alcanzar el propósito salvador de su predicación. Sin esta unción no se obtienen verdaderos resultados espirituales; los resultados y las fuerzas de la predicación no llegan más allá de los resultados de un discurso no santificado. Sin la unción la predicación tiene tanto poder como el púlpito.

Cuando la unción divina está sobre el predicador genera a través de la Palabra de Dios los resultados espirituales que fluyen desde el evangelio; y sin esta unción, no se obtienen estos resultados. Se pueden producir muchas gratas impresiones, pero están muy lejos de los propósitos de la predicación del evangelio. Se puede simular que se posee la unción. Hay muchas cosas que se le parecen, hay muchos resultados que imitan sus efectos; pero son totalmente ajenos a su naturaleza y a sus resultados. El fervor o la dulzura expresada por un sermón patético o emotivo pueden parecerse a la movilización que produce la unción divina, pero no tienen su fuerza penetrante, aguda, que quebranta el corazón. No se encuentra el bálsamo que sana el corazón en estos movimientos superficiales, benévolos, emocionales; no son radicales ni en su pesquisa del pecado ni en su cura del pecado.

La unción divina es la característica básica que distingue a la verdadera predicación del evangelio de cualquier otro método de presentar la verdad. Por ella la verdad está respaldada e imbuida de toda la fuerza de Dios. Ilumina la Palabra y abre y enriquece el intelecto y lo capacita para captar y aprehender la Palabra, madura el corazón del predicador y le da la condición de ternura, pureza, fuerza y luz que son necesarias para lograr los más altos resultados. La unción le da al predicador libertad y amplitud de pensamiento y de espíritu —una libertad, una plenitud, una precisión y expresión que no pueden conseguirse por medio de ningún otro procedimiento.

Esta unción, esta divina unión, esta unción celestial, es lo que el púlpito necesita y debe tener. Este lubricante divino y celestial puesto por la imposición de las manos de Dios debe ablandar y lubricar todo el ser del hombre —corazón, mente y espíritu—, hasta que aleje de él las motivaciones y metas egoístas, apartándolo para todo lo que es puro y cercano a Dios.

Esta unción no es un don inalienable. Es un don condicional, y su presencia se perpetúa y se acrecienta por el mismo procedimiento con que una vez se obtuvo; esto es, mediante la oración incesante a Dios, por el deseo apasionado de llegar a Dios; estimándolo, buscándolo con ardor incansable, considerando todo lo demás como pérdida y fracaso si no se la posee.

¿Cómo y cuándo llega esta unción? Directamente de Dios, en respuesta a la oración. Sólo los corazones que oran están llenos de este aceite sagrado; sólo los labios que oran están ungidos con esta unción divina. *Oración, mucha oración, es el precio de la predicación ungida; oración, mucha oración, es la única condición para conservar esta unción.* Sin oración constante, la unción nunca llega al predicador. Sin la oración perseverante, la unción, igual que el maná que se pretendía guardar, cría gusanos.

Los apóstoles conocían el valor y la necesidad de la oración en su ministerio. Sabían que su elevada comisión como apóstoles, en lugar de aliviarlos de la necesidad de la oración, les hacía tener una mayor y más urgente necesidad de ella, de modo que ponían extremado celo en evitar que otro trabajo importante pudiera agotar su tiempo e impedirles orar como debieran; así fue que eligieron laicos para que atendieran la delicada y creciente tarea de atender a los pobres, para que ellos (los apóstoles) pudieran sin obstáculos "persistir en la oración y el ministerio de la Palabra." La oración está colocada en primer lugar, y su relación con la oración está subrayada para que "persistieran", haciendo de ella una tarea, entregándose a la oración, dándole tiempo y dedicándose a ella con fervor, urgencia y perseverancia.

¡Con cuánta santidad se consagraban los apóstoles al divino trabajo de la oración! "Orando día y noche abundantemente" —dice Pablo. "Nos entregamos constantemente a la oración", es el consenso de la actitud apostólica. ¡Cómo se consagraban estos predicadores del Nuevo Testamento a orar por el pueblo de Dios! ¡Cómo conquistaban el poder de Dios para sus iglesias por medio de la oración! Estos santos apóstoles no se vanagloriaban considerando que habían cumplido su elevada y solemne obligación por predicar fielmente la Palabra de Dios, sino que su predicación cobraba vida y fuerza por el ardor y la insistencia de su oración. La oración apostólica era tan exigente, trabajada e imperativa como la predicación apostólica. Oraban con poder noche y día para llevar a su pueblo a los más elevados niveles de la fe y la santidad.

La oración apostólica hace santos apostólicos y preserva la época apostólica de pureza y poder en la iglesia.

Los predicadores son sobre todo líderes de Dios. Son los principales responsables de la condición de la iglesia, dando forma a su carácter, nivel y orientación a su vida.

Hay muchas cosas que dependen de esos líderes, que dan forma a las épocas y las instituciones. La iglesia es divina, el tesoro que encierra es celestial, pero lleva la marca del ser humano. El tesoro está en vasijas de barro y toma el gusto de la vasija. La iglesia de Dios hace y es hecha por sus líderes. Sea que ella haga los líderes o los líderes la hagan, será lo que los líderes son; será espiritual si ellos lo son; mundana si ellos lo son; cooperativa si ellos lo son. Los reyes de Israel daban el carácter a la piedad de Israel. Un ministerio sin oración entierra la verdad de Dios y la iglesia de Dios. Para el predicador, la oración no es simplemente la obligación de su profesión, ni un privilegio sino una necesidad. El aire no es más necesario a los pulmones que la oración al predicador. Es absolutamente indispensable que el predicador ore. Es absolutamente necesario que se ore por el predicador. Estas dos afirmaciones deberían unirse como en un matrimonio que nunca se divorcie: *el predicador debe orar; se debe orar por el predicador*. Para enfrentar las temibles responsabilidades que tiene y alcanzar el éxito real y perdurable en su labor requiere toda la oración que pueda hacer y toda la que logre que otros hagan por él.

Si es un verdadero predicador, cuando más abiertos estén sus ojos a la naturaleza, responsabilidad y dificultades de su trabajo, tanto más consciente será y sentirá la necesidad de la oración; no sólo la creciente necesidad de orar él mismo, sino de convocar a otros a ayudarle con sus oraciones.

Pablo es una ilustración de esto. Si hubo algún hombre que pudiera difundir el evangelio por la fuerza de su propia energía, por el poder del cerebro, por la cultura, la gracia personal, el mandamiento apostólico de Dios, y el extraordinario llamamiento de Dios, ese hombre fue Pablo. Pablo es un eminente ejemplo de que el predicador debe ser un hombre entregado a la oración.

Pablo es también un eminente ejemplo de que el verdadero predicador apostólico debe tener el apoyo de las oraciones de otros santos para dar a su ministerio el éxito que le corresponde. Pide, suspira, ruega apasionadamente la ayuda de todos los santos de Dios. Sabía que en el reino espiritual, como en todas partes, la unión hace la fuerza; que la concentración y la suma de fe, anhelo y oración aumenta el volumen de la fuerza espiritual hasta darle un poder abrumador e irresistible. La combinación de las oraciones, como las gotas del agua, forman un océano que desafía toda resistencia. Por ello, Pablo. comprendiendo clara y totalmente la dinámica espiritual, se propuso hacer que su ministerio fuera tan impresionante, eterno e irresistible como el océano, reuniendo las oraciones dispersas y precipitándolas sobre su ministerio. Llamado, comisionado, líder de los apóstles —todo esto no valía nada sin la oración del pueblo de Dios. Escribía cartas a todas partes, urgiéndoles orar por él. ¿Oras por tu predicador? ¿Oras por él en secreto? Las oraciones públicas son de poco valor si no están fundadas o continuadas por la oración privada.

Nuestras devociones no se miden con el reloj. Pero el tiempo es esencial. La capacidad de esperar y continuar insistiendo pertenece de manera radical a nuestra relación con Dios. El apuro, indecoroso y que deteriora, lo es en medida alarmante, en la gran empresa de la comunión con Dios. *Los devocionales breves son la ruina de la piedad profunda.* La calma, la persistencia, la fortaleza, nunca corren parejas con las prisas. Las devociones cortas agotan el vigor espiritual, detienen el progreso espiritual, minan los fundamentos espirituales, cortan la raíz y la flor de la vida espiritual. Son la fuente segura de la apostasía, la indicación cierta de la piedad superficial; traicionan, cortan, pudren la semilla y empobrecen el suelo.

Es cierto que las oraciones de la Biblia son breves en su texto, pero los hombres de oración de la Biblia pasaban con Dios muchas y dulces horas de santa lucha. Ganaban con pocas palabras, pero con largas esperas. Las oraciones que Moisés registró quizás sean breves, pero Moisés oró a Dios con ayunos y lágrimas angustiadas durante cuarenta días y cuarenta noches.

Las palabras de la oración de Elías en la Biblia están condensadas en pocos y breves párrafos, pero sin duda Elías, que "oraba cuando oraba", pasó muchas horas en fiera lucha y elevada relación con Dios antes de poder decirle a Acab, con seguridad agresiva: "no habrá lluvia ni rocío en estos años, sino por mi palabra." La síntesis verbal de las oraciones de Pablo es breve, pero Pablo "oraba sin cesar día y noche." El Padre nuestro es una expresión divina que cabe en labios infantiles, pero Cristo Hombre oró muchas noches completas hasta que cumplió su labor; y sus noches pasadas en oración y sus devociones constante dieron a su obra su terminación y su perfección, y dieron a su carácter la plenitud y la gloria de su divinidad.

El trabajo espiritual es una labor exigente, y los hombres están poco dispuestos a hacerlo. La oración, la verdadera oración, exige una seria dedicación de tiempo que la carne y la sangre no disfrutan. Pocas personas están hechas de tal fibra que estén dispuestas a hacer un desembolso costoso cuando el trabajo superficial pasaría igual en el mercado. Ser pequeño con Dios es ser pequeño para Dios. William Wilberforce, el par de los reyes, dijo: "Debo obtener más tiempo para mis devociones privadas. He estado viviendo demasiado públicamente. El acortar las devociones privadas hace padecer al alma; la hace debilitarse y ser pobre. He estado desperdiciando muchas horas."

Debemos aprender de nuevo el valor de la oración, entrar otra vez en la escuela de oración. No hay nada que lleve más tiempo aprender. Si aprendemos este maravilloso arte, no debemos dar fragmentos aquí y allá, "una pequeña conversación con Jesús", como cantan los santos "pequeños", sino que debemos pedir y aferrar con mano de hierro las mejores horas del día para Dios y la oración, o no habrá oración que merezca llamarse así. ¿Quién ora como lo hizo Jacob, hasta ser coronado como un majestuoso y destacado intercesor? ¿Quién ora como oró Elías, hasta desatar las fuerzas de la naturaleza y hacer florecer como un jardín la tierra devastada y hambrienta? ¿Quién ora como oró Jesucristo, como oró en la montaña durante toda la noche? Los apóstoles se entregaban a la oración —lo que más cuesta lograr que hagan los hombres y aun los predicadores. Hay laicos que darían su dinero —algunos de ellos en gran abundancia— , pero no se dan "a sí mismos" en oración, con lo cual su dinero resulta maldito. Hay muchos predicadores que dirigen grandiosas y elocuentes conferencias sobre la necesidad del avivamiento y de la difusión del reino de Dios, pero no son muchos los que harían aquello sin lo cual toda predicación y toda organización es más que inútil —orar. La oración está pasada de moda, es casi un arte perdido, y el mayor benefactor que podría tener esta época es aquel hombre que lograse que los predicadores y la Iglesia volviesen a orar.

Mi credo me impulsa a creer que la oración es eficaz, y que seguramente un día consagrado a [illegible] a Dios que [illegible] todos los [illegible] no es un día perdido. Y sin embargo existe la sensación de que cuando un hombre ora no está haciendo nada, y esa sensación nos hace darle una importancia exagerada al trabajo, incluso al precio de hacer las oraciones en forma apresurada o incluso abandonarlas.

¿No nos apoyamos demasiado en este tiempo en el poder de la carne? ¿No pueden hacerse hoy los mismos milagros que antaño? ¿No están los ojos del Señor yendo por toda la tierra hoy también para mostrar su poder en favor de aquellos que han puesto su confianza en Él? ¡Oh, que Dios me diera una fe más grande en Él! ¿Dónde está hoy el Dios de Elías? ¡ESTÁ ESPERANDO QUE ELÍAS LE LLAME!

Mi credo me impulsa a creer que la oración es eficaz, y que seguramente un día consagrado a pedirle a Dios que anule todos los sucesos no es un día perdido. Y sin embargo existe la sensación de que cuando un hombre ora no está haciendo nada, y esta sensación nos hace darle una importancia indebida al trabajo, incluso al precio de hacer las oraciones en forma apresurado o incluso abandonarlas.

¿No nos apoyamos demasiado en esta época en el poder de la carne? ¿No pueden hacerse hoy los mismos milagros que antaño? ¿No están los ojos del Señor yendo por toda la tierra hoy también para mostrar su poder en bien de aquellos que han puesto su confianza en El? ¡Oh, que Dios me diese una fe más práctica en El! ¿Dónde está hoy el Dios de Elías? ¡ESTA ESPERANDO QUE ELIAS LE LLAME!

Capítulo cuatro

LA NECESIDAD DE LA ORACION

En cualquier estudio sobre los principios, procedimientos, actividades y empresas de la oración, el primer lugar, necesariamente, debe darse a la fe, que es la cualidad inicial en el corazón de cualquier hombre que pretende hablar con el Invisible. Desde su absoluta impotencia, debe extender las manos de la fe hacia adelante. *Debe* creer, aunque no pueda demostrar. En última instancia, la oración es simplemente fe reclamando sus prerrogativas naturales, pero maravillosas, fe tomando posesión de su infinita herencia.

La verdadera piedad es tan real, firme y perseverante en el reino de la fe como en el terreno de la oración. Más aún, cuando la fe deja de orar, deja de vivir.

La fe logra lo imposible porque hace que Dios se haga cargo, y para Dios no hay nada imposible. No hay calificativos ni limitaciones para la fe. ¡Qué grande es su poder! Si desapareciera la duda del corazón, y la incredulidad nos fuera extraña, todo lo que pidiéramos a Dios ciertamente ocurriría, y un creyente encontraría concedido "todo lo que pidiere".

La oración proyecta la fe sobre Dios y proyecta a Dios en el mundo. Sólo el puede mover montañas, pero la oración mueve a Dios. La obediencia ayuda a la fe y la fe, a su vez, ayuda a la obediencia. Hacer la voluntad de Dios es esencial para la verdadera fe y la fe es necesaria para asegurar la obediencia.

Sin embargo, a menudo se requiere que la fe ejercite la paciencia ante Dios y esté preparada para soportar las aparentes demoras de Dios en contestar las oraciones. La fe no se desalienta porque la oración no recibe una respuesta inmediata; busca a Dios en su Palabra y le permite tomarse el tiempo que quiera para llevar a cabo sus propósitos y su obra. Es probable que haya mucha demora y muchos días de espera para la verdadera fe, pero la fe acepta las condiciones, sabe que habrá demora en recibir la respuesta a las oraciones y considera tales demoras como un tiempo de prueba, en la que tiene el privilegio de mostrar su temple y el firme material del que está hecha.

Así como cada día es necesario el pan, cada día requiere la oración. Ninguna cantidad de oración que se haya hecho un día satisface la necesidad de oración del día siguiente. Por otro lado, la oración de mañana no tiene ningún valor para el día de hoy. Lo que necesitamos hoy es el maná de hoy, mañana Dios proveerá para nuestras necesidades. Esta es la fe que Dios desea inspirar. De modo que deja el mañana, con sus preocupaciones, sus necesidades, sus problemas, en las manos de Dios. No hay ningún depósito que contenga la gracia ni la oración de mañana; tampoco se puede almacenar la gracia de hoy para enfrentar las necesidades de mañana. No podemos poseer la gracia de mañana, no podemos comer el pan de mañana, no podemos hacer la oración de mañana. "Baste a cada día su propio afán"; y es seguro que, si tenemos fe, también serán suficientes sus bondades.

La fe auténtica y genuina debe ser definida y libre de dudas. No debe ser simplemente general; no debe ser una mera creencia en el ser, en la bondad y en el poder de Dios, sino una fe que cree que "lo que El dice, ha de ocurrir." Las respuestas serán tan definidas como la fe: "Recibirán todo lo que pidan." La oración y la fe seleccionan las cosas, y Dios lo compromete a hacer cada cosa que la fe y la oración perseverante determinen y le pidan que cumpla.

Nuestra principal preocupación está en relación a la fe —a lo que atañe a su crecimiento, y a las demostraciones de su vigorosa madurez. Una fe que se aferra con firmeza a aquello por lo que está pidiendo, una fe sin altibajos, dudas ni temores —esa es la fe que necesitamos, una fe como la perla de gran precio, que crea en el proceso y en la práctica de la oración. La fe debe ser definida, específica. No debe ser algo vago, indefinido, opaco; debe ser algo más que una creencia abstracta en la voluntad de Dios y en su habilidad de hacer cosas por nosotros. Debe hacer pedidos definidos y específicos y esperar aquello que se está pidiendo. Observe lo que dice en Marcos 11:23: "Y no dudare en su corazón, sino creyere que será hecho lo que dice, lo que diga le será hecho." La fe no es una creencia abstracta en la Palabra de Dios, ni un credo racional, ni una simple aceptación de la inteligencia y la voluntad; no es una aceptación pasiva de los hechos, por muy perfectos y sagrados que sean. La fe es una operación de Dios, es una iluminación divina, es una energía santa implantada por la Palabra de Dios y el Espíritu en el alma humana, un principio espiritual y divino que toma de lo sobrenatural, poniéndolo al alcance de las facultades del tiempo y espacio.

La fe trata con Dios, es consciente de El. Trata con el Señor Jesucristo y ve en él al Salvador; se relaciona con la Palabra de Dios y se aferra a la verdad; trata con el Espíritu de Dios y recibe la energía y la inspiración de su santo fuego. Dios es un gran objetivo de la fe, ya que la fe deposita todo su peso en su Palabra. La fe no es un acto espiritual sin propósito, sino una mirada hacia Dios, descansando en sus promesas. Del mismo modo que el amor y la esperanza siempre tienen un objetivo, también lo tiene la fe. Fe no es creer simplemente en cualquier cosa, es creer en Dios, descansar en El, confiar en su Palabra.

La fe da origen a la oración y a su vez se fortalece, llega más hondo, se eleva más alto por medio de las luchas y batallas de la súplica intensa. La fe es la sustancia de las cosas que se esperan, la seguridad de que se concretará la herencia de los santos. La fe, también, es humilde y perseverante. Puede esperar y orar; puede estar de rodillas o de bruces en el polvo. La fe es la condición básica de la oración; su carencia es la raíz de toda oración no contestada. ¡Qué era de conquistas gloriosas amanecería sobre la iglesia y el mundo, si sólo pudiera reproducirse una raza de santos de fe tan poderosa y de oración tan asombrosa como la de aquellos hombres de Hebreos 11! La iglesia no necesita excelencia intelectual; no son hombres ricos los que esta época requiere, ni se necesitan personas de gran influencia social. Por encima de todos ellos y de todas las cosas, la iglesia y la humanidad toda necesita hombres de fe, hombres de oración poderosa, hombres y mujeres del tipo de los santos y héroes enumerados en Hebreos 11, "que obtuvieron buen testimonio por su fe". Eso es lo que necesita la Iglesia y toda la humanidad.

Muchos hombres de nuestros días obtienen buena reputación porque ofrendan dinero, por sus notables dones y talentos mentales, pero son pocos los que obtendrían buen testimonio por su gran fe en Dios, o por las grandes maravillas que se obtienen a través de su intensa oración. Hoy, como en todas las épocas, necesitamos hombres de mucha fe y hombres grandes en la oración. La duda y el miedo son los enemigos de la fe, a veces usurpan literalmente el lugar de la fe, y aunque oramos, ofrecemos una oración angustiada, intranquila, inquieta y muchas veces quejosa. Pedro no pudo caminar sobre el mar en Genezaret porque permitió que las aguas le cubriesen y ahogaran el poder de su fe. Al quitar los ojos de su Señor y mirar las aguas alrededor suyo, comenzó a hundirse y tuvo que gritar pidiendo socorro: "¡Señor, sálvame!"

Todos nosotros necesitamos marcar y atender bien el consejo dado en Hebreos: "Mirad, hermanos, que no haya en ninguno de vosotros corazón malo de incredulidad para apartarse del Dios vivo."

Necesitamos también estar atentos contra la incredulidad como lo estaríamos contra un enemigo. La fe necesita ser cultivada, por tanto necesitamos continuar orando. "Señor, auméntanos la fe", porque la fe puede aumentar y el tributo de Pablo a los tesalonicenses era que su fe crecía constantemente. La fe crece por el ejercicio, por el uso. Se alimenta con duras pruebas. La fe crece por la lectura y la meditación de la Palabra de Dios. Pero la fe progresa más y mejor en un ambiente de oración.

Sería bueno que cada uno de nosotros se detuviera y se preguntara personalmente: "¿Tengo fe en Dios? ¿Tengo fe *verdadera*?, una fe que me guarde en perfecta paz con respecto a todas las cosas de la tierra y a todas las cosas del cielo?" Esta es la pregunta más importante que un hombre pueda hacerse y responder. Y hay otra pregunta, muy cercana a aquella en significado y en importancia: "¿Oro realmente a Dios para que El me escuche y conteste mis oraciones? ¿Oro realmente a Dios de manera que obtenga directamente de El las cosas que le pido?"

Se dice de Augusto César que encontró a Roma como una ciudad de madera y la dejó como una ciudad de mármol. El pastor que logra transformar una congregación que no oraba en un pueblo de oración, ha hecho una obra más grande que la de Augusto. Y después de todo, esta es la obra principal del predicador. El predicador no es enviado simplemente para inducir a la gente a unirse a la iglesia, ni meramente para instarles a que procuren ser más buenos. Debe hacer que oren, confíen en Dios, y que tengan siempre a Dios delante de su vista, para que no pequen contra El.

Somos salvos por fe, y por fe *permanecemos* en la salvación. La oración nos impulsa a una vida de fe. Pablo declara que la vida que vive la vive en la fe del Hijo de Dios, el cual le amó y se entregó por él, para que él pudiera andar por fe y no por vista.

La fe hace efectiva la oración, y en cierto modo es importante que la preceda. "Porque es necesario que el que se acerca a Dios crea que le hay, y que es galardonador de los que le buscan."

Aun antes de que la oración se dirija hacia Dios, antes de que formule su petición, antes que se conozcan sus requerimientos, la fe se debe haber adelantado; debe haber dado su asentimiento a la verdad de que "Dios es galardonador de los que le buscan." Este es el primer paso en la oración. En este sentido, aunque la fe no otorga la bendición, coloca a la oración en posición de pedirla, y conduce hacia otro paso que acerca al resultado, ya que ayuda al que hace la petición a creer que Dios quiere y puede bendecirle.

La fe hace que la oración inicie su trabajo, despejando el camino hacia el trono de misericordia. Da seguridad, ante todo, de que existe el trono de misericordia, y que allí el Sumo Sacerdote espera las oraciones y a los suplicantes. Y a la fe también sigue la oración, ya que la vida espiritual a la que es guiado el creyente es, por la oración, una vida de fe. La característica preeminente de la experiencia a la que son llevados los creyentes por la oración no es una vida de obras, sino una vida de fe.

Es necesario contrarrestar y evitar todo interrogatorio, ya que el miedo y la duda no tienen lugar en la verdadera oración. La fe debe afianzarse e impedir que estos enemigos desvíen la oración.

El espíritu del peregrino facilita mucho la oración. Un espíritu atado al mundo, un espíritu que se satisface con el mundo no puede orar. En ese corazón, la llama del deseo espiritual se ha apagado o está ya apagándose débilmente. Las alas de su fe se han cortado, sus ojos están cubiertos con una película, su lengua está silenciada, pero aquellos que con una fe inquebrantable y oración incesante esperan en Jehová, *sí* renuevan sus fuerzas, *sí* tienen alas de águila, *sí* corren y no se cansan, *sí* caminan y no desmayan.

La oración no se sostiene sola. No es una obligación aislada ni un principio independiente. Vive en asociación con otros deberes cristianos, está unida a otros principios, hace pareja con otros dones. Pero la oración está indisolublemente unida a la fe. La fe le da el color y el tono, modela su carácter y asegura sus resultados.

La confianza es la fe absoluta, ratificada y consumada. Cuando todo se ha dicho y se ha hecho, hay algo de aventura en la fe. Pero la confianza es una *creencia firme*, es una fe floreciente. La confianza es un acto consciente, un hecho que podemos sentir.

La confianza, como la vida, puede sentirse, aunque es más que un sentimiento. Una vida que no se siente es una contradicción; una confianza que no se siente es un engaño, una contradicción, un improperio. La confianza es el atributo que más se siente. Es *todo* sentimiento, y se produce sólo por el amor. Un amor que no se siente es tan imposible como una confianza que no se siente. La confianza sobre la que estamos hablando ahora es una convicción. ¿Una convicción que no se siente? ¡Qué absurdo!

La confianza ve a Dios hacer cosas aquí y ahora y aún más. Se eleva a una cumbre, y mira hacia lo invisible y lo eterno advierte que Dios ha hecho cosas y las ve como si ya estuvieran cumplidas. La confianza trae la eternidad a los anales y a los sucesos del tiempo, transforma la sustancia de la esperanza en el disfrute de la realidad, y cambia la promesa en posesión actual. Cuando confiamos sabemos tanto como cuando vemos, con la misma conciencia que si usáramos el tacto. La confianza ve, recibe, alcanza. La confianza es su propio testigo. Sin embargo, a menudo la fe es demasiado débil para obtener los bienes de Dios de forma inmediata; de modo que debe esperar en obediencia y en oración amorosa, fuerte, insistente, hasta que se fortalece lo suficiente como para poder traer la eternidad al ámbito de la experiencia y el tiempo. En este punto, la fe reune todas sus fuerzas. Aquí se mantiene firme. Y en la lucha, la confianza se fortalece y toma para sí misma todo lo que Dios ha hecho por ella en su eterna sabiduría y su gracia infinita.

Cuando espera en oración, en intensa oración, la fe se eleva a sus mayores alturas y se convierte verdaderamente en un don de Dios. Se vuelve la bendita disposición y expresión del alma que puede confiar por su constante relación su incansable dedicación a Dios. La confianza, considerada en un contexto histórico o en un registro puede ser algo muy pasivo, pero la confianza en una personal vitaliza su cualidad, la fructifica, y la llena de amor. La confianza que informa a la oración se centra en una Persona.

Nuestro Señor coloca la confianza como el fundamento esencial de la oración. El antecedente de la oración es la confianza. Todo el transcurso del ministerio y la obra de Cristo estaba basado en la confianza en su Padre. El centro de la confianza es Dios. Las montañas de las dificultades y todo otro obstáculo de la oración pueden ser quitados de en medio por la confianza y su valiente secuaz: la fe. Cuando la confianza es perfecta y no tiene dudas, la oración es simplemente una mano extendida, lista para recibir. La confianza perfeccionada es oración perfeccionada.

La confianza espera recibir aquello que pide y lo recibe. La confianza no es una creencia de que Dios puede bendecir, sino de que va a bendecir, aquí y ahora. La confianza opera en el tiempo presente y la esperanza mira hacia el futuro. La confianza mira el presente, la esperanza espera, la confianza posee.

La confianza recibe lo que la oración adquiere. De modo que lo que la oración necesita en todo tiempo es una confianza abundante y permanente.

El deseo no es un simple anhelo; es un deseo desesperado, profundamente enraizado; un intenso anhelo de lograr algo. En el ámbito de los asuntos espirituales, es una importante añadidura a la oración. Es tan importante que uno podría decir, casi, que el deseo es un componente esencial de la oración. El deseo precede a la oración, la acompaña y la sigue. El deseo precede a la oración y por ella se origina y se intensifica. La oración es la expresión oral del deseo. Si la oración es pedirle algo a Dios, entonces la oración debe ser pronunciada. La oración se hace pública, mientras que el deseo es silencioso. La oración es escuchada, el deseo no. Cuanto más profundo el deseo, más fuerte será la oración. Sin el deseo, la oración no es más que un conjunto de palabras sin sentido. Tal oración superficial, formal, sin deseo real que la acompañe, debe ser exterminada como una pestilencia. Su práctica es una tremenda pérdida de tiempo, y de ello no se obtiene ninguna bendición.

En la oración, dependemos absolutamente del nombre, el mérito y la virtud intercesora de Jesucristo, nuestro gran Sumo Sacerdote. Indagando por debajo de las condiciones y fuerzas que acompañan a la oración, llegamos a esta base vital que está sellada en lo secreto de nuestro corazón. No es simplemente nuestra necesidad, es el anhelo ardiente del corazón por aquello que necesitamos lo que nos impulsa a orar. El deseo es la voluntad en acción; un anhelo fuerte y consciente, que mueve nuestro ser interior para procurarnos un gran bien. El deseo engrandece el objeto de su añoranza y fija la mente sobre él. Tiene la preferencia, la decisión y la pasión sobre él; la oración basada en esto es explícita y específica. Conoce su necesidad, siente y ve aquello que la satisface y se apresura a conseguirlo.

El empobrecimiento de la llama del deseo santo es destructivo para las fuerzas vitales y agresivas de la vida de la Iglesia. Dios debe ser representado por una Iglesia agresiva, o de lo contrario no está representado en absoluto. Dios mismo es todo fuego y la iglesia, si quiere parecerse a El, también debe estar al rojo vivo. La iglesia sólo puede estar inflamada por los grandiosos y eternos intereses de los que han nacido para el cielo, de los que han recibido su vida de Dios. Sin embargo, el celo sagrado no necesita ser ruidoso para ser consumidor. Nuestro Señor es la encarnación de todo lo opuesto a la excitación nerviosa, lo opuesto a la declamación exaltada e intolerante y, sin embargo, le consumía el celo por la casa de Dios; el mundo todavía siente la llama de su fuego ardiente y consumidor y responde a él con una disposición creciente y una aceptación cada vez más amplia.

"¡Ojalá fueses frío o caliente! Pero por cuanto eres tibio, y no frío ni caliente, te vomitaré de mi boca."

Este fue el juicio expresado por Dios ante la falta de fervor en una de las siete iglesias y es su sentencia contra los cristianos por el fatal deseo de celo sagrado. En la oración, el fuego es casi el poder motivador. Los principios religiosos que no emergen en fuego no tienen fuerza ni producen efecto. El fuego es el ala en que asciende la fe; el fervor es el ala de la oración. La oración efectiva y ferviente es la que puede mucho. El amor se aviva en la llama, su vida es el ardor. El fuego es el aire que se respira en la verdadera experiencia cristiana. La vida cristiana se alimenta de fuego; puede soportar cualquier cosa menos una llama débil; y muere congelada y famélica cuando la atmósfera circundante es fría o tibia.

La verdadera oración debe ser fervorosa. La vida y el carácter cristiano deben estar avivadas por el fuego. La falta de calor espiritual produce mayor infidelidad que la falta de fe. En estos días de frialdad espiritual nada que no este ardiendo en Dios puede mantener la llama del cielo en nuestro corazón. Los primeros metodistas no tenían estufas en sus templos. Declaraban que *la llama de la congregación* y el fuego del púlpito debían ser suficientes para darles calor.

Este fuego no es vehemencia mental ni energía carnal, es el fuego divino en el alma, un fuego intenso que consume toda la escoria —la verdadera esencia del Espíritu de Dios. Ni la erudición, la pureza de dicción, la amplitud mental, la mejor elocuencia, ni la gracia personal pueden compensar la falta de fervor. La oración asciende por el fuego. El fuego permite el acceso a la oración y también le da alas, aceptación y energía.

No hay incienso sin fuego; no hay oración sin llama.

El deseo ardiente es la base de la oración perseverante. No es una inclinación superficial e inconstante, sino un fuerte deseo, un ardor inextinguible que impregna, ilumina, quema y prepara el corazón. Es la llama de un principio activo subiendo hacia Dios. Es el ardor, impulsado por el deseo, que se abre camino hacia el Trono de gracia y consigue su petición. Es la insistencia del deseo lo que da el triunfo al conflicto en una gran lucha de oración. Es el peso de un gran deseo el que apacigua inquieta y reduce a la quietud al alma que acaba de emerger de una lucha tremenda. Es el carácter acaparador del deseo el que arma a la oración con mil peticiones y la viste con un valor invencible y un poder conquistador sin límites.

Sin el deseo, no hay carga en el espíritu, no hay sensación de necesidad, no hay ardor, ni visión, no hay poder ni llama de fe. No hay presión gigantesca para aferrarse a Dios con una mano desesperada y firme —"No te dejaré ir hasta que me bendigas." No hay un abandono total, como lo hubo en Moisés cuando, abrumado por la angustia de una súplica desesperada, pertinaz y consumidora, clamó: "Te ruego . . . que perdones ahora su pecado, y si no, ráeme ahora de tu libro que has escrito." O como cuando Juan Knox suplicó; "¡Dame a Escocia o me muero!"

Dios se acerca de una forma maravillosa al alma que ora. Ver a Dios, conocer a Dios, vivir para Dios —estos son los objetivos de toda verdadera oración. Por ello la oración es, finalmente, inspirada para buscar a Dios. El deseo de la oración se inflama por ver a Dios, por tener una revelación más clara, más plena, más dulce, más rica de Dios. Para los que oran de esta forma, la Biblia se convierte en una *nueva* Biblia, y Cristo en un nuevo Salvador, por la luz y la revelación en el interior de su cámara interior.

La oración sin fervor carece de sentimiento; es una cosa vacía, una vasija inadecuada. El corazón, el alma y la vida deben probar toda oración real. El cielo debe llegar a sentir la fuerza de este clamor ante Dios. Las oraciones deben estar al rojo vivo. Es la oración ferviente la que resulta efectiva y obtiene lo que busca. La frialdad del espíritu obstaculiza la oración; la oración no puede vivir en el clima de invierno. El ambiente gélido congela la petición y seca los manantiales de la súplica. Se requiere fuego para movilizar la oración. El calor espiritual crea una atmósfera favorable a la oración porque es favorable al fervor. Por la llama, la oración asciende al cielo y, sin embargo, el fuego no es bullicio ni calor ni ruido. El calor es intensidad —algo que ilumina y quema. El cielo no es buen mercado para el hielo.

La calidad beligerante de la oración perseverante no surge de la vehemencia física ni de la energía carnal. No es un simple impulso de energía ni una mera sinceridad del alma; es una fuerza otorgada, una facultad implantada y avivada por el Espíritu Santo. Es virtualmente la intercesión del Espíritu de Dios en nosotros; es, más aún, "la oración eficaz, la oración ferviente que puede mucho." El divino Espíritu, informando a cada elemento en nuestro ser, con la energía de su propio esfuerzo, es la clave de la persistencia que nos urge a orar ante el trono de gracia, a continuar orando hasta que las paredes caigan y descienda la bendición. Esta oración combativa puede no ser ruidosa ni vehemente, sino tranquila, tenaz e insistente. Puede ser silenciosa, cuando no hay señales exteriores de su portentosa fuerza.

Nada distingue a los hijos de Dios tan clara y firmemente como la oración. Es la marca y la prueba infalible del cristiano. El pueblo cristiano es un pueblo que ora; los que tienen una mente mundana no oran. Los cristianos apelan a Dios; los mundanos ignoran a Dios y no invocan su nombre. Pero hasta el cristiano necesita cultivar la oración *constante*. La oración debe ser habitual, pero debe ser mucho más que un hábito. Es una obligación, pero una obligación que va mucho más allá y está por encima de lo que generalmente implica ese término. Es la expresión de una relación con Dios, un anhelo por tener comunión con lo divino. Es el fluir hacia afuera y hacia arriba de la vida interior, hacia sus fuentes originales. Es una afirmación de la paternidad del alma, un reclamo filial que une al hombre con el eterno. Quien no insiste en sus peticiones no ora en absoluto. Las oraciones frías no tienen acceso al cielo, y no son escuchadas en las cortes celestiales. El fuego es la vida de la oración, y sólo se alcanza el cielo por una ígnea insistencia en una escalera ascendente.

La oración persistente nunca desfallece ni se cansa; nunca se desanima; nunca cede a la cobardía, sino que está anclada y sostenida por una esperanza que no se desespera, por una fe que no se desprende nunca.

La oración persistente tiene paciencia para esperar y fuerza para seguir adelante. Nunca se prepara para dejar de orar, y se resiste a levantarse de sus rodillas hasta que obtiene la respuesta.

La oración gobierna la conducta y la conducta forja el carácter. La conducta es lo que hacemos; el carácter es lo que somos. La conducta es la vida exterior. El carácter, es la vida interior, escondida e invisible, pero puesta de manifiesto por lo que se ve. La conducta es externa, se ve desde afuera; el carácter es interno, obra adentro. En la economía de la gracia, la conducta es la manifestación del carácter. El carácter es el estado del corazón, y la conducta es su expresión externa. El carácter es la raíz del árbol, la conducta es el fruto que lleva.

La misión de la oración es cambiar el carácter y la conducta de los hombres que en innumerables aspectos, son forjados por la oración. Llegados a este punto, estas credenciales prueban la divinidad de la oración. Y así como la misión de la oración es lograr esto, la obra central de la iglesia es tomar hombres malvados y hacerlos buenos. Su misión es cambiar la naturaleza humana, cambiar el carácter, influenciar el comportamiento y revolucionar la conducta.

Un producto refleja y participa del carácter de la fábrica que lo produce. Una iglesia justa con propósitos justos produce hombres justos.

La oración produce limpieza de corazón y pureza de vida. No puede producir otra cosa. La conducta pecaminosa nace de la falta de oración; ambas van de la mano. *La oración y el pecado no pueden estar en mutua compañía.* Uno de los dos debe detenerse necesariamente. Si se consigue que los hombres oren, dejan de pecar, porque la oración produce asco por el pecado y trabaja de tal forma en el corazón que la maldad se vuelve repugnante y la naturaleza entera se alza a la reverente contemplación de cosas santas y elevadas.

La oración se basa en el carácter y lo que somos con Dios da la medida de nuestra influencia sobre El. Era el carácter interior, no la apariencia externa, lo que permitía a hombres como Abraham, Job, David, Moisés y otros que tuvieran influencia sobre Dios. Y hoy también no son tanto nuestras palabras sino lo que realmente somos lo que cuenta para Dios. La conducta por supuesto, afecta el carácter, y cuenta mucho en nuestra oración. Al mismo tiempo, el carácter afecta la conducta en mayor medida, y ejerce una influencia mucho mayor sobre la oración. Nuestra vida no sólo le da color a la oración sino que también le da cuerpo. Una mala vida implica mala oración, y en última instancia, falta de oración. *Oramos débilmente porque vivimos con debilidad.* El arroyo de la oración no puede subir más alto que la fuente de la vida. La fuerza de la cámara privada está hecha de la energía que fluye de la confluencia de los arroyos de la vida. La debilidad de la vida resulta de la superficialidad y falsedad del carácter.

Muy a menudo, la experiencia cristiana se asienta sobre las rocas de la conducta. Hermosas teorías están desvirtuadas por vidas horribles. La cosa más difícil de la piedad, y también la más impresionante, es ser capaz de vivirla. *Es la vida lo que cuenta,* y nuestra vida de oración sufre, lo mismo que otros aspectos de nuestra experiencia religiosa, por nuestro mal vivir.

La oración que no produce reflexión correcta y vida correcta es una farsa. Hemos desvirtuado totalmente la misión de la oración si no logra purgar el carácter y rectificar la conducta. Hemos fracasado en captar la virtud de la oración si no produce una revolución en la vida. Hablando claro, debemos dejar de orar o debemos dejar de pecar.

La oración fría y formal puede existir juntamente con la mala conducta, pero tal oración, en lo que a Dios respecta, no es en absoluto oración. Nuestra oración acrecienta su poder en la misma medida que rectifica la vida. La vida que crece en pureza en devoción a Dios será más una vida de oración.

El carácter de la vida interior es una condición de la oración efectiva. Según sea la vida, así será la oración. Una vida inconsistente obstruye la oración y neutraliza la poca oración que podamos hacer. Otra vez, es la oración del justo la que puede mucho. En realidad, uno podría llegar más lejos y afirmar que *sólo* la oración del justo puede lograr algo, en cualquier momento. La oración dispone a aquel que ora, a trabajar por su salvación con temblor y temor; lo dispone a controlar su temperamento, su conversación y su conducta; hace que ande con sabiduría, redimiendo bien el tiempo; le capacita para andar sabiamente en la vocación a la que ha sido llamado, con toda humildad y mansedumbre; le da un gran incentivo para continuar su peregrinación, esquivando todo sendero maligno y caminando sólo por el buen camino.

¿Qué es la obediencia? Es hacer la voluntad de Dios; es guardar sus mandamientos. ¿Cuántos mandamientos constituyen la obediencia? Guardar la mitad y hacer caso omiso de la otra mitad, ¿es verdadera obediencia? Guardar todos los mandamientos menos uno, ¿es obediencia? El apóstol Santiago es muy explícito en esto: "Porque cualquiera que guardare toda la ley, pero ofendiere en un punto, se hace culpable de todos."

¿Da Dios mandamientos que los hombres no puedan cumplir? ¿Es tan arbitrario, tan severo, tan falto de amor como para emitir mandamientos que no puedan ser obedecidos? La respuesta es que en toda la historia de las Sagradas Escrituras no se registra una sola ocasión en que Dios haya ordenado a algún hombre hacer algo que estuviera más allá de sus posibilidades. ¿Es Dios tan injusto y desconsiderado como para requerir al hombre lo que no pueda lograr? Seguro que no. Hacer esa inferencia es denigrar el carácter de Dios.

Reflexionemos sobre este pensamiento un momento: ¿Piden los padres terrenales a sus hijos obligaciones que no pueden cumplir? ¿Dónde está el padre que piense siquiera en ser tan injusto y tirano? ¿Es Dios menos amante y justo que los padres humanos y falibles? ¿Son éstos mejores y más justos que un Dios perfecto? ¡Qué pensamiento tan insostenible y extremadamente absurdo!

La obediencia es amor, amor que cumple cada mandamiento, amor expresándose a sí mismo. La obediencia, por lo tanto, no es una exigencia más pesada puesta sobre nosotros que la que siente el esposo hacia su esposa, o la esposa hacia su esposo. El amor disfruta obedeciendo y agradando a quien ama. En el amor no hay trabajos pesados. Puede haber exigencias, pero no producen fastidio. No hay tarea imposible para el amor.

Si alguien adujera que la humanidad, desde la Caída, es demasiado débil e impotente para obedecer estos elevados mandamientos, la respuesta es que, gracias a la redención de Cristo, el hombre está capacitado para obedecer. La Redención es el acto capacitador de Dios. Lo que Dios hace en nosotros, regenerándonos a través de la acción del Espíritu Santo, nos da suficiente gracia para que seamos capaces de hacer todo lo que se nos pide una vez redimidos. Esta gracia se nos otorga sin medida, como respuesta a la oración. De modo que, a la vez que nos ordena, Dios garantiza darnos, por gracia, toda la fuerza de voluntad que nuestra alma necesita para satisfacer sus demandas. Si esto es cierto, el hombre no tiene excusa por su desobediencia y es claramente culpable por rechazar o no adquirir la gracia necesaria, con la cual poder servir a Dios en reverencia y temor santo. Aquellos que declaran que es imposible guardar los mandamientos de Dios extrañamente pasan por alto una consideración importante: la verdad esencial que declara que por la oración y la fe la naturaleza del hombre es transformada y se hace semejante a la naturaleza divina; que se elimina toda la resistencia a obedecer a Dios y que su incapacidad natural para guardar los mandamientos debido a la caída y a su impotencia, es gloriosamente restaurada. Por este cambio radical que se produce en su naturaleza moral, el hombre recibe poder para obedecer a Dios en todo y rendirse en lealtad plena y gozosa. Luego puede decir; "Me deleito en hacer tu voluntad, oh Dios mío." No sólo se elimina la rebelión que es propia del hombre natural, sino que se recibe en cambio un corazón dispuesto a obedecer con alegría la Palabra de Dios.

Por fe y oración, levanta las manos caídas; afirma las rodillas temblorosas. ¿Tienes algún día de ayuno y oración? Bombardea el trono de la gracia y persevera en ello, y vendrá la bendición.

Juan Wesley

"Nada es imposible para el ingenio", decía uno de los siete sabios de Grecia. Cambiemos la palabra ingenio por oración perseverante, y el lema será más cristiano y más universalmente válido

Estoy persuadido de que todos somos más deficientes en el espíritu de oración que en cualquier otra gracia. Dios ama tanto al que ora insistentemente que no nos dará mucha bendición si no lo hacemos. Y la razón por la que ama esa clase de oración es que nos ama y sabe que es una preparación necesaria para que recibamos las más ricas bendiciones que espera y añora otorgarnos. Siempre que he orado sincera y honestamente por algo, lo he recibido, aunque no anule instante; no importa cuánto tiempo pasa, de algún modo y en alguna forma llega, quizás de la manera que menos lo hubiera imaginado.

Adoniram Judson

Capítulo cinco

LO ESENCIAL DE LA ORACION

La santidad es plenitud y Dios quiere hombres santos, de corazón íntegro y veraz para su servicio y para la obra de la oración: "Y el mismo Dios de paz os santifique por completo; y todo vuestro ser, espíritu, alma y cuerpo, sea guardado irreprensible para la venida de nuestro Señor Jesucristo." Esta es la clase de hombres que Dios quiere como dirigentes de las huestes de Israel y esta es la clase de hombres que forman una casta de oración.

El hombre es de una triple naturaleza y, sin embargo, cuando ora no es una criatura trinitaria ni dualista sino una unidad. El hombre es uno en lo que respecta a los componentes y los actos y actitudes de la piedad. Alma, espíritu y cuerpo deben unirse en todo lo que se refiere a la vida y a la santidad. En primer lugar, el cuerpo se compromete en la oración, asumiendo la actitud de oración. La postración del cuerpo nos introduce a la oración lo mismo que la postración del alma. La actitud del cuerpo cuenta mucho en la oración, aunque es cierto que el corazón puede estar erguido y orgulloso y la mente desatenta y distraída y entonces la oración será una mera formalidad aunque las rodillas estén dobladas en oración.

Daniel se arrodillaba tres veces al día para orar. Salomón se arrodilló para orar en la dedicación del templo. Nuestro Señor se postró en Getsemaní durante la memorable sesión de oración antes de ser traicionado. Cuando hay oración sincera y fiel el cuerpo siempre asume la posición más acorde al estado del alma en ese momento. El cuerpo, entonces, se une al alma en la oración. Todo el ser del hombre debe orar. El hombre total —su vida, su corazón, su temperamento, su mente— está en ella y toda ella participa en este ejercicio de la oración.

La oración produce una actividad mental clara, reflexiones correctas, comprensión iluminada y razonamiento fortalecido por la fe. La guía divina implica que Dios moviliza e impresiona de tal forma a la mente que esta toma decisiones sabias y seguras. "Encaminará a los humildes por el juicio." Más de un predicador habituado a la oración ha recibido mucha ayuda en este aspecto. Al venir sobre el predicador la unción del Unico Santo vigoriza la mente, libera el pensamiento y otorga expresividad. Esto explica cómo en otros tiempos, hombres de escasa educación, tenían tan maravillosa libertad en el Espíritu para orar y predicar. Sus pensamientos fluían como una corriente de agua. Toda su estructura intelectual recibía el impulso de la divina influencia del Espíritu.

Ser humilde es tenerse a uno mismo en poca estima. Es ser modesto, manso, es estar dispuesto a quedar en la oscuridad. La humildad se retira de la vista del público, no busca publicidad ni pretende posiciones elevadas ni le importa estar en lugares de preeminencia. La humildad tiene una naturaleza introvertida y la negación de uno mismo es propia de la humildad. Tiene tendencia al desprecio de si mismo. Nunca se exalta ante sus propios ojos ni ante los ojos de los demás. La modestia es una de sus principales características. En la humildad hay una ausencia total de orgullo, y es lo más alejado de todo lo que se parezca al engreimiento.

La humildad no se alaba a sí misma, más bien tiene la actitud de alabar a otros. "En honra, prefiriéndoos unos a otros." No es dada a la exaltación de sí misma; la humildad no desea los mejores asientos ni las posiciones elevadas. Está dispuesta a tomar el asiento más bajo y prefiere aquellos lugares donde pasa inadvertida. La oración de la humildad sigue este modelo:

> "Nunca dejes que el mundo me invada, Dispón un gran abismo entre ambos; Guárdame humilde en el anonimato, Sólo Tú seas valorado y amado."

Dios estima mucho la humildad de corazón. Es bueno estar

vestido de humildad como un fino manto. Está escrito: "Dios resiste a los soberbios y da gracia a los humildes." Es la humildad de corazón lo que acerca al alma del que ora a Dios. Lo que da alas a la oración es la humildad de la mente. Lo que abre las puertas ante el trono de la gracia es el negarse a sí misma. El orgullo, la estima, la alabanza, de sí misma literalmente cierran la puerta de la oración. El que se acerca a Dios debe aproximarse encubriendo el yo. No debe estar henchido de engreimiento ni posesionado por una excesiva estima de sus virtudes y sus buenas obras.

La humildad es un raro don cristiano, de gran precio en la corte celestial, y es parte y condición indispensable de la verdadera oración.

Nuestras oraciones deben quedar postradas muy bajo antes de poder subir a lo alto, deben tener mucho polvo antes de que puedan tener la gloria de los cielos sobre ellas.

La humildad es un requisito indispensable de la verdadera oración. Debe ser un atributo, una característica de la oración. La humildad debe ser una parte del carácter de la oración como la luz lo es en el sol. La oración no tiene comienzo, no tiene fin, no existe sin la humildad. Como está hecho un barco para el mar, así está hecha la oración para la humildad, y así la humildad está hecha para la oración.

La humildad no es abstracción del yo, ni evita pensar sobre el yo. La humildad es un principio polifacético. La humildad nace mirando a Dios y a su santidad y luego mira al hombre y a su falta de santidad. La humildad ama el silencio y la oscuridad, odia los aplausos, aprecia las virtudes de otros, excusa sus faltas con mansedumbre, perdona fácilmente las injurias, teme cada vez menos al desdén, y considera falso y vil al orgullo. La humildad es realmente noble y grande.

La humildad alberga la verdadera vida de la oración. Ni el orgullo ni la vanidad pueden orar. La humildad, sin embargo, es mucho más que la ausencia de vanidad o de orgullo. Es una cualidad positiva, es un castillo que vigoriza la oración. La oración no tiene poder para ascender si carece de ella. La humildad surge de la baja consideración que tenemos de nosotros mismos y de nuestros merecimientos.

La humildad es el primero y el último de los atributos del cristianismo, y el primero y el último de los atributos de la oración cristocéntrica. Sin humildad no hay Cristo. Sin humildad no hay oración. Si quieres aprender bien el arte de la oración, entonces debes aprender bien la lección de la humildad.

La devoción pertenece a la vida interior y vive en la recámara, pero también aparece en los servicios públicos del santuario. Es parte del verdadero espíritu de adoración y de la naturaleza del espíritu de oración. La devoción es propia del hombre devoto, cuyos pensamientos y sentimientos están consagrados a Dios. Semejante hombre ha entregado su mente sólo a Dios, posee un gran afecto por Dios y un ardiente amor por su casa. Cornelio era un hombre "piadoso y temeroso de Dios con toda su casa, y que hacía muchas limosnas al pueblo." "Y hombres piadosos llevaron a enterrar a Esteban." "Uno llamado Ananías, varón piadoso según la ley", fue enviado a Saulo cuando estaba ciego para indicarle la voluntad del Señor. Dios puede usar maravillosamente a esos hombres, porque Dios elige hombres devotos como agentes para llevar adelante sus propósitos.

La oración prospera en un ambiente de verdadera devoción. Es fácil orar cuando se está en actitud de devoción. La actitud de la mente y el estado del corazón en la devoción hacen que la oración sea efectiva para alcanzar el trono de la gracia. Dios mora donde reside el espíritu de la devoción. Todos los dones del Espíritu se alimentan y crecen bien en el ambiente creado por la devoción.

Esta es una época agitada, activa y bulliciosa y este espíritu bullicioso ha invadido la Iglesia de Dios. Tiene muchos servicios religiosos. La iglesia trabaja con el orden, la precisión y la fuerza de una verdadera maquinaria. Pero demasiado a menudo tiene la misma frialdad que una maquinaria. Se parece demasiado a la rueda de molino en la rutina y el incesante ir y venir de nuestras actividades religiosas. Oramos sin orar. Cantamos sin cantar con el espíritu y el entendimiento. Tenemos música sin que tenga la bendición de Dios en ella o sobre ella. Vamos a la iglesia por costumbre y nos vamos a casa muy contentos después que se pronuncia la bendición. Leemos nuestro acostumbrado capítulo de la Biblia y nos sentimos aliviados cuando completamos la obligación. Decimos nuestras oraciones por rutina, como un chico de escuela repitiendo la lección no nos lamentamos al escuchar el amén.

El espíritu de la devoción no es meramente el aroma del cristianismo, sino el tallo y el vástago en el que crece. Es la sal que penetra y da gusto a todos los servicios religiosos. Es el azúcar que endulza las obligaciones, el negarse a uno mismo y el sacrificio. Es el colorido brillante que alivia falto de vida de los actos religiosos. Disipa la frivolidad y elimina todas las formas superficiales de adoración y hace de la adoración un servicio serio y profundo, impregnando el cuerpo, el alma y el espíritu con su infusión celestial.

Es espíritu de devoción permea a los santos en el cielo y caracteriza la adoración de las inteligencias angelicales. No hay criaturas sin devoción en el mundo celestial. Dios está allí y su misma presencia infunde un espíritu de reverencia, de asombro, de temor filial. Si queremos ser partícipes con ellos después de la muerte, debemos primero aprender el espíritu de la devoción aquí en la tierra.

El estar demasiado ocupados trabajando para Dios como para no tener comunión con Dios, demasiado ocupados haciendo el trabajo de la iglesia y sin tener tiempo para hablar con Dios acerca de su trabajo, es el camino más directo a la apostasía y muchas personas han seguido ese camino perjudicando sus almas inmortales.

La acción de gracias implica, tal como su nombre lo dice, dar gracias a Dios. Significa dar a Dios en palabras algo que sentimos en el corazón por las bendiciones recibidas. La gratitud surge de la contemplación de la bondad de Dios. Es engendrada por la seria meditación en lo que Dios ha hecho por nosotros. Tanto la gratitud como la acción de gracias se vinculan, y tienen que ver con Dios y sus misericordias. El corazón está conscientemente agradecido a Dios. El alma expresa la gratitud que el corazón siente en palabras o en hechos. La alabanza está tan neta y definitivamente unida a la oración, tan inseparablemente unida que no pueden divorciarse. La alabanza depende de la oración para alcanzar todo su volumen y su más dulce melodía.

Dar gracias es la verdadera vida de la oración. Es su fragancia y su música, su poesía y su corona. La oración es la forma de acercar lo deseado para prorrumpir en alabanza y gratitud.

Fue una gran acción la de Jerónimo, uno de los padres romanos. Dejó a un lado todos los compromisos que tenía y se entregó a cumplir el llamamiento que Dios le había hecho, esto es, traducir las Sagradas Escrituras. Sus congregaciones eran más grandes que las de muchos predicadores de hoy en día, pero le dijo a su pueblo: "Ahora es necesario que se traduzcan las Escrituras; ustedes deben buscar otro ministro. Yo me marcho al desierto y no volveré hasta que concluya mi obra." Se fue y trabajó y oró hasta que produjo la Vulgata Latina, que perdurará hasta el fin del mundo. Del mismo modo deberíamos decir a nuestros amigos: "debo retirarme para tener tiempo para la oración y la meditación a solas." Y aunque no escribiéramos Vulgatas Latinas, nuestra obra sería inmortal: daríamos gloria a Dios.

Charles Haddon Spurgeon

Señor Jesús, haz que conozca en mi experiencia diaria la gloria y la dulzura de tu Nombre, y luego enséñame a usarlo en mi oración, para que sea, como Israel, un príncipe que prevalezca ante Dios.

Tu Nombre es mi pasaporte, me asegura el acceso;
Tu Nombre es mi súplica y me asegura la respuesta;
Tu Nombre es mi honra y me asegura la gloria.

Bendito Nombre, tú eres miel en mi boca, música en mi oído, cielo en mi corazón, todo en todo, en todo mi ser.

Ibid.

Capítulo seis

LAS ARMAS DE LA ORACION

En lo que se refiere el género humano nada es tan importante para Dios como la oración, pero orar es igualmente importante para el hombre. Fallar en la oración es fallar en todo sentido en la vida. Es fallar en el deber, en el servicio, en el progreso espiritual. Dios debe ayudarle al hombre a orar. Por lo tanto aquel que no ora, se está privando de la ayuda de Dios y coloca a Dios en un lugar donde no puede ayudar al hombre. El hombre debe orar a Dios para que se haga realidad su amor hacia el hombre. La fe y la esperanza, la paciencia y todas las fuerzas vitales, fuertes y hermosas de la piedad se marchitan y mueren en una vida sin oración. La vida individual del creyente, su salvación personal, y los dones cristianos personales tienen su existencia, florecen y dan su fruto en la oración.

Las grandes intervenciones de Dios en este mundo han estado condicionadas, continuadas y moderadas por la oración. En la medida en que los hombres han orado Dios ha participado en estos grandes movimientos. La oración real, destacada, eminente, llamativa y dominante siempre ha conquistado la intervención de Dios. La prueba real y evidente del trabajo genuino de Dios prevalece en el espíritu de oración. Cuando están presentes las fuerzas más destacadas de la oración los asombrosos poderes de Dios impregnan y sobrecargan un movimiento.

Los santos que oran son los agentes de Dios que llevan acabo su obra salvadora y providencial en la tierra. Si fallan sus agentes, descuidando la oración, su obra falla. Los obreros que oran son siempre mensajeros de la prosperidad espiritual.

Los hombres de la Iglesia de todos los tiempos que han sostenido la Iglesia de Dios han tenido un ministerio de oración de creciente plenitud y riqueza.

Los líderes de la iglesia que menciona la Escritura se han destacados en la oración. Por eminentes que hayan sido en cultura, intelecto, todas las dotes naturales o humanas; por inferiores que hayan sido en atributos físicos o talentos innatos, sin embargo en cada caso la oración era la fuerza todo poderosa de su liderazgo en la iglesia. Y esto era así porque Dios estaba con y en lo que hacían, porque la oración siempre nos lleva de regreso a Dios.

La oración no puede considerarse como una fuerza secundaria en el mundo. Hacerlo es retirar a Dios del escenario, considerarlo como algo secundario. El ministerio de oración es una fuerza que todo lo abarca y debe ser así, si quiere tener poder. La oración es la conciencia de la necesidad de Dios y el clamor pidiendo que supla esa necesidad. La estima y el lugar que se le dé a la oración es la estima y el lugar que se da a Dios. Dar a la oración el segundo lugar es hacer de Dios algo secundario en los asuntos de la vida, por lo tanto sustituir a Dios por otros recursos es retirar a Dios y quitar espiritualidad a todo el movimiento.

Todo lo que afecta la intensidad de nuestra oración afecta el valor de nuestro trabajo. "Estar demasiado ocupados para orar", no sólo es el camino hacia la apostasía, sino que estropea el trabajo que se ha hecho. Sin la oración nada resulta bien por la simple razón de que deja afuera a Dios. Es muy fácil dejarse seducir por lo bueno para descuidar lo mejor, hasta que ambos, lo bueno y lo mejor, perecen. ¡Cuán fácilmente los hombres, aun los líderes en Sion, pueden ser desviados por los engaños astutos de Satanás para abreviar sus oraciones en beneficio del trabajo! ¡Qué fácil es descuidar la oración o acortarla simplemente aduciendo que tenemos todo el trabajo de la iglesia en nuestras manos! Satanás nos desarma completamente cuando puede mantenernos demasiado ocupados haciendo cosas, sin detenernos a orar.

No se puede llevar adelante la predicación apostólica si no

hay oración apostólica. ¡Es tremendo, pero esa sencilla verdad ha sido fácilmente olvidada por quienes ministran en las cosas sagradas! ¡Qué fácil alejarse de la recámara! Hasta los apóstoles tenían que cuidarse de este riesgo. ¡Cuánto necesitamos cuidarnos nosotros al respecto! Las cosas legítimas y correctas pueden volverse malas cuando ocupan el lugar de la oración. Cosas buenas en sí mismas pueden volverse malas cuando se les permite instalarse desmedidamente en nuestro corazón. No sólo el pecado afecta la oración. No sólo debemos cuidarnos de las cosas dudosas. Debemos cuidarnos de cosas que son buenas y correctas y le permitimos que desplacen a la oración y cierren la puerta de la recámara, a menudo encubriendo la conciencia con un "demasiado ocupado para orar". Los apóstoles enfrentaron este problema directamente y determinaron que ni siquiera el trabajo de la iglesia debía afectar el hábito de la oración. La oración debía ocupar el primer lugar. Entonces podrían ser de hecho y de verdad agentes de Dios en el mundo, por medio de los cuales El podría obrar eficientemente, ya que serían hombres de oración, dispuestos a seguir los planes y los propósitos que Dios sólo lleva a cabo a través de hombres de oración.

La oración afecta tres esferas diferentes de la existencia —la divina, la angélica y la humana. Mueve a Dios a obrar, induce a los ángeles a trabajar y pone a los hombres a trabajar. La oración pone sus manos sobre Dios, los ángeles y los hombres. ¡Qué alcance maravilloso tiene la oración! Pone en escena las fuerzas del cielo y de la tierra. Dios, los ángeles y los hombres están sometidos a esta maravillosa ley de la oración, y todos ellos tienen que ver con las posibilidades y los resultados de la oración. Por su propia decisión, Dios es inducido a obrar entre los hombres de tal modo que no lo hace si estos no oran. La oración llega hasta Dios y le mueve a obrar.

Dios no se compromete con ninguna otra energía como lo hace con la oración. Los propósitos de Dios no dependen de ninguna otra fuerza como dependen de la oración. La Palabra de Dios se extiende sobre los resultados y la necesidad de la oración. La obra de Dios se detiene o avanza en la medida que la oración proyecta sus fuerzas. Los profetas y los apóstoles han insistido sobre la utilidad, la fuerza y la necesidad de la oración.

"Sobre tus muros, oh Jerusalén, he puesto guardas; todo el día y toda la noche no callarán jamás. Los que os acordáis de Jehová, no reposéis, ni le deis tregua, hasta que restablezca a Jerusalén, y la ponga por alabanza en la tierra."

La oración coloca la obra de Dios en sus manos, y la mantiene allí. Le mira constantemente y depende implícitamente de El para continuar su causa. La oración no es otra cosa que la fe confiando, actuando, apoyándose y obedeciendo a Dios. Por eso es que Dios la ama tanto, por eso pone todo el poder en sus manos, y valora tanto a los hombres de oración. La oración es un elevado privilegio, una prerrogativa real y son muchos y perdurables los daños que la falta de oración produce.

Uno de los elementos esenciales que fortalecen el Evangelio es la oración. Sin la oración, el Evangelio no puede ser eficientemente predicado, no puede ser promulgado fielmente, ni experimentado en el corazón, ni practicado en la vida. Y esto por la sencilla razón de que al dejar la oración al margen de las obligaciones como cristiano, dejamos a Dios afuera, y su obra no puede progresar sin El.

Los hombres de oración son esenciales al Todopoderoso Dios en todos sus planes y propósitos. Los secretos de Dios, sus decisiones y su causa nunca han sido encomendadas a hombres que no oraran. El descuido de la oración siempre ha acarreado pérdida de fe, pérdida de amor, pérdida de oración. El fracaso en la oración ha sido la causa inevitable y perniciosa de la apostasía y del alejamiento de Dios. Hombres faltos de oración han obstaculizado el camino de Dios para difundir Su Palabra y hacer Su voluntad en la tierra. Atan las manos divinas e interfieren con Dios y sus divinos designios. Al igual que los hombres de oración son de ayuda para Dios, los hombres que no oran son un obstáculo para El.

Los hombres son llamados a la gran obra de salvar almas y deben ir a cumplirla. No se requiere ninguna fuerza angelical o impersonal. Corazones humanos bautizados en el espíritu de oración, deben sentir el peso de este mensaje, y labios humanos ardientes como resultado de la oración sincera y constante deben anunciar la Palabra de Dios a los hombres que se pierden.

La iglesia de hoy necesita hombres de oración para llevar a

cabo su solemne e imperiosa responsabilidad de enfrentar la temible crisis que se avecina. La angustiante necesidad de esta época es encontrar hombres, más hombres, que teman a Dios, que oren, hombres del Espíritu Santo, hombres que resistan todo, que no consideren valiosa su vida sino que tengan todo por basura por la excelencia del conocimiento de Jesucristo el Salvador. Los hombres de oración son los únicos hombres que pueden influir sobre Dios, el único tipo de hombres a los que Dios se entrega a sí mismo y encomienda el evangelio. Los hombres de oración son los únicos en los que mora el Espíritu Santo, ya que el Espíritu Santo y la oración van juntos. El Espíritu Santo nunca desciende sobre hombres que no oran. Nunca los llena; nunca les da poder. No hay nada en común entre el Espíritu de Dios y los hombres que no oran. El Espíritu sólo reside en un ambiente de oración.

En la obra de Dios no hay nada que pueda sustituir la oración. Los hombres de oración no pueden ser reemplazados por ningún otro tipo de hombre. Hombres hábiles en las finanzas, hombres cultos, hombres de influencia, ninguno de ellos puede sustituir a los hombres de oración. La vida, el vigor, el poder de la obra de Dios son originados por los hombres de oración. Un corazón seriamente enfermo es un síntoma tan temible de la proximidad de la muerte como la falta de oración lo es de la atrofia espiritual.

La consagración total de muchos hijos de Dios se destaca como los picos de las más elevadas montañas. ¿Por qué? ¿Cómo llegaron a esas alturas? ¿Qué les llevó tan cerca de Dios? La respuesta es simple —la oración. Oraban mucho, oraban largamente, se sumergían más y más profundo. Pedían, buscaban, llamaban hasta que los cielos abrían sus tesoros más preciados para ellos. La oración fue la escalera de Jacob por la que escalaron estas sagradas y benditas alturas y por la que los ángeles de Dios bajaron a ministrarles.

Valoraban la oración. Era más preciosa para ellos que todas las joyas, más excelente que cualquier otro bien, más valiosa que el mayor bien de la tierra. La estimaban, la valoraban, la apreciaban, y la *practicaban*. La probaron hasta sus límites, probaron sus mayores resultados y obtuvieron su más glorioso patrimonio. Para ellos la oración era la cosa más apreciada y más practicada.

La oración es la fuente principal y más genial de vida. Oramos según la forma en que vivimos; vivimos según la forma en que oramos. La vida nunca tendrá más calidad que la que tenga nuestra cámara de oración. El mercurio de la vida sólo se eleva por la temperatura de la recámara. La ausencia continua de oración acaba por enfriar la vida por debajo de cero. Cuando se miden y pesan las condiciones de la oración se descubre por qué no hay más hombres de oración. Las condiciones son tan perfectas, tan benditas, que es raro encontrar quien pueda cumplirlas. Un corazón que sea todo amor, un corazón que tiene presentes aun a sus enemigos en amorosa contemplación y preocupación, un corazón del que han sido purgadas todas las amarguras, la venganza y la envidia —¡es tan poco frecuente! Sin embargo, es la única condición de la mente y del corazón por la que un hombre puede alcanzar la eficacia en la oración. Hay ciertas condiciones establecidas para la auténtica oración. Los hombres deben orar "levantando manos santas", siendo estas manos un símbolo de la vida. Manos que no están manchadas por hacer lo malo son el símbolo de una vida que no está manchada por el pecado. Así deben entrar los hombres a la presencia de Dios, así deben acercarse al Trono del Altísimo, "para alcanzar misericordia y hallar gracia para el oportuno socorro". Aquí, entonces, está la razón por la que los hombres no oran. Tienen el corazón demasiado mundano y la vida demasiado comprometida con el mundo para entrar a la cámara de oración: y aunque entren, no pueden ofrecer "la oración eficaz del justo (que) puede mucho."

Las "manos" son también el símbolo de la súplica. Unas manos extendidas significan una petición de ayuda. Es una actitud silenciosa, pero elocuente de un alma impotente delante de Dios, pidiendo misericordia y gracia. Las "manos", también, son símbolo de actividad, de poder y conducta. Manos extendidas hacia Dios en oración, deben ser manos santas, manos sin mancha. La palabra "santas" significa que no están sucias, manchadas, teñidas y que cumplen cristianamente todas sus obligaciones. Qué lejos están del carácter del que ama el pecado, de la mente mundana, de los hombres carnales, manchados por deseos carnales, teñidos de mundanalidad, pecadores de corazón y de conducta. "El que busca justicia debe hacer justicia", es la máxima de los tribunales humanos. Así también, el que busca los dones de Dios debe practicar las buenas obras de Dios. Esta es una máxima en las cortes celestiales.

La oración siempre resulta afectada por el carácter y la conducta de aquel que ora. El agua no puede elevarse por encima de su propio nivel, y del mismo modo del corazón manchado no puede fluir una oración inmaculada. La oración recta nunca surge de la conducta torcida. El hombre, lo que el hombre es detrás de la oración, es lo que le da el carácter a su súplica. El corazón tembloroso no puede hacer una oración valiente y los hombres manchados no pueden hacer oraciones puras y limpias.

No son las palabras, ni las faltas ni las ideas, ni los sentimientos los que modelan la oración, sino el carácter y la conducta. Los hombres deben andar piamente para poder orar bien. El mal carácter y la vida pecaminosa minan la oración hasta que se convierte en un mero santo y seña, ya que la oración toma su tono y su vigor de la vida del hombre o de la mujer que la practica. Cuando el carácter y la conducta están en bajamar, la oración apenas puede sobrevivir y menos prosperar. La oración debe ser amplia en su mira, rogando por otros. La intercesión por otros es la marca de calidad de la verdadera oración y cuando la oración se limita al yo y a las necesidades personales, muere a causa de su pequeñez, estrechez, egoísmo. La oración es el alma del hombre que se inquieta por rogar a Dios por los hombres. Además de preocuparse por los intereses eternos de su propia alma, debe, por su propia naturaleza, interesarse en el bienestar espiritual y eterno de otros. La habilidad de orar encuentra el clímax en la compasión expresada en la preocupación por otros.

La oración tiene un origen más elevado que la naturaleza humana. Esto es cierto, ya se trate de la naturaleza humana como distinta de la angelical, o de la naturaleza carnal no renovada ni transformada. La oración no tiene su origen en el ámbito de la mente carnal. Tal naturaleza es totalmente extraña a la oración simplemente porque la "mente carnal es enemistad con Dios." Sólo con el espíritu transformado podemos orar, con el nuevo espíritu dulcificando por el azúcar del cielo, perfumado con la fragancia del mundo superior, vigorizado por el aliento del mar de cristal. El "nuevo espíritu" es nacido de los cielos, anhelante de cosas celestiales, inspirado por el aliento de Dios. Es una naturaleza de oración de la cual han sido expulsados todos los viejos flujos de la naturaleza carnal no regenerada; el fuego de Dios ha creado la llama que ha consumido los deseos mundanos y la savia del Espíritu ha sido inyectada al alma y la oración está totalmente alejada de la ira.

La maravillosa experiencia y la gloria de la Transfiguración fue precedida por la oración, y fue el resultado de la oración de nuestro Señor. No sabemos qué palabras usó al orar, ni sabemos por qué estaba orando, pero, sin duda, era de noche, y oró por largas horas. Mientras oraba desapareció la oscuridad y su figura se encendió con una luz que no era terrenal. Moisés y Elías vinieron a entregarle, no sólo la palma de la ley y de la profecía, sino también la palma de la oración. Nadie oró como oró Jesús ni tuvo tan gloriosa manifestación de la presencia divina ni escuchó tan claramente la voz reveladora del Padre: "Este es mi Hijo amado; a él oíd." ¡Dichosos los discípulos que estuvieron con Jesús en la escuela de la oración!

¡Cuántos de nosotros no hemos logrado alcanzar este glorioso monte de la transfiguración porque no conocemos el poder transfigurador de la oración! Son los retiros de oración, las largas e intensas sesiones de oración en las que nos embarcamos las que hacen brillar el rostro, transfigurar el carácter, y hacen que aun los rasgos terrenales más opacos brillen con esplendor celestial, pero aun más: es la oración verdadera la que hace que las cosas eternas se hagan reales, cercanas y tangibles y es la que trae gloriosos visitantes y visiones celestiales. Las vidas transfiguradas serían más frecuentes si hubiera más oración transfiguradora.

En la preparación del predicador, lo esencial es la oración. Antes que ninguna otra cosa, debe ser un hombre que se especialice en orar. Un predicador que no ora es una contradicción y ha equivocado bien su llamamiento o ha fallado tristemente al Dios que lo llamó al ministerio. Dios quiere hombres que no sean ignorantes, sino que "procuran con diligencia presentarse a Dios aprobados". Predicar la Palabra es esencial; las habilidades sociales no deben ser subestimadas y la educación es buena; pero por encima y por debajo de todo, la oración debe ser la tabla principal en la plataforma del que se adelanta a predicar las insondables riquezas de Cristo al mundo perdido y hambriento. El punto débil de la iglesia institucional está ahí. La oración no se considera como el factor básico de la vida y la actividad de la iglesia; y en cambio otras cosas, buenas en su medida, ocupan el primer lugar. Lo primero debe ser puesto en primer lugar y lo primero en la preparación del predicador es la oración.

En su ministerio, Jesús no dio un lugar secundario ni endeble a la oración. Es lo primero —es algo enfático, destacado, dominante. Habituado a orar, de espíritu de oración, dado a largos períodos de solitaria comunión con Dios, Jesús era sobre todas las cosas, un hombre de oración. Lo esencial de su vida terrenal, condensada en una sola frase de terminología neotestamentaria, se encuentra en Hebreos 5:7: "Y Cristo, en los días de su carne, ofreciendo ruegos y súplicas con gran clamor y lágrimas al que le podía librar de la muerte, fue oído a causa de su temor reverente."

No pidió ser eximido de la carga de la oración; la aceptó gustosamente, reconoció sus exigencias y se sujetó voluntariamente a sus requisitos.

Su liderazgo fue preeminente, y su oración también. Si no lo hubiera sido, su liderazgo, no hubiera sido preeminente ni divino. Si, en el verdadero liderazgo, no fuera indispensable la oración, entonces no cabe duda de que Cristo hubiera podido pasar sin ella, pero no lo hizo, y cualquiera de sus seguidores que desee ser eficiente en la actividad cristiana no puede sino imitar a su Señor.

Toda habilidad para hablar a los hombres se mide por la habilidad con la que el predicador puede hablar con Dios por los hombres. "El que no trabaja con la pala en la recámara nunca cosechará en el púlpito." Debe enfatizarse y destacarse el hecho de que Jesucristo enseñó a sus discípulos como orar. Este es el verdadero significado de decir "la enseñanza de los doce". Debe tenerse presente que Cristo enseñó a los predicadores que enviaba al mundo más acerca de la oración que acerca de la predicación. La oración era el factor más grandioso en la difusión de su evangelio. La oración podía mantener y hacer eficientes todos los demás factores. No desprestigiaba la predicación al subrayar la oración, sino que más bien señalaba la extrema dependencia que la predicación guarda respecto a la oración.

Martín Lutero declaraba, "El oficio cristiano es la oración". Todo muchacho judío debía aprender un oficio. Jesucristo aprendió dos; el oficio de carpintero y el de la oración. El primer oficio atendía necesidades terrenales; el otro atendía sus divinos y más elevados propósitos. La costumbre judía consagró al niño Jesús al oficio de carpintero; la ley de Dios lo unió a la oración desde sus años más tempranos, y permaneció con él hasta el final.

El corazón es el diccionario de la oración; la vida es el mejor comentario sobre la oración y su producto externo es su expresión más absoluta. La oración forja el carácter y perfecciona la vida. Y esto necesita aprenderlo a fondo tanto el ministro como el laico, ya que una misma norma se aplica a ambos.

Bendito el predicador cuyo púlpito y cuya recámara están muy próximos uno de otro y que acostumbre transitar entre ambos. No consagrar tiempo a la oración es hacer un pobre papel, no sólo en la oración, sino en la vida santa, ya que la oración y la vida santa están tan unidas que nunca podrían dividirse. Un predicador o un cristiano pueden vivir vidas decentes y religiosas, sin oración secreta, pero la decencia y la santidad son dos cosas muy diferentes y esta última sólo se obtiene por medio de la oración.

La oración debería ser el complemento indispensable de todo esfuerzo misionero, y debiera ser el único equipo del misionero cuando sale a su campo de labor para hacerse cargo de sus delicadas y serias tareas. La oración y las misiones van juntas. Un misionero que no ora es un fracaso antes de salir, mientras está afuera y cuando regresa a su país de origen. Un comité misionero que no ora también debe aprender la lección sobre la necesidad de la oración.

Las revelaciones que Dios da a aquel que tiene un espíritu de oración van mucho más allá de los límites de la oración. Dios se compromete a contestar las oraciones específicas, pero El no se detiene allí. El dice: "Preguntadme de las cosas por venir; mandadme acerca de mis hijos, y acerca de la obra de mis manos." Piensa en ese notable compromiso que Dios adquiere con aquellos que oran. "Ordénenme." Literalmente se coloca a las órdenes de los predicadores que oran y de la iglesia que ora. Y esta es una respuesta suficiente para todas las dudas, los temores, y la incredulidad; es una inspiración maravillosa para hacer la obra de Dios a su modo, lo cual significa hacerla en oración.

Todos los hombres de Dios que han sido llamados al ministerio tienen el privilegio de extender sus oraciones hacia regiones que ni las palabras ni los pensamientos pueden ir, y pueden esperar como resultado de sus oraciones y más allá de sus oraciones, a Dios mismo, y luego, como algo añadido: "cosas grandes y asombrosas que nunca han conocido."

La verdadera oración del corazón, la oración de la vida, la oración en el poder del Espíritu Santo, directa, específica, ardiente, simple —esta es la clase de oración que pertenece legítimamente al púlpito.

No hay ninguna otra escuela donde aprender a orar en público que en privado. Los predicadores que han aprendido a orar en su cámara dominan el secreto de la oración en el púlpito. No hay más que un breve paso desde la oración secreta a la oración efectiva y vital del púlpito. Una cámara cerrada hace que la oración desde el púlpito sea fría, formal, carente del Espíritu. Predicador estudia cómo orar, pero no lo hagas estudiando las formas de oración, sino asistiendo a la escuela de oración sobre tus rodillas, delante de Dios. Aquí es donde aprendemos no sólo a orar delante de Dios, sino a orar delante de los hombres. El que ha aprendido el camino a su cámara, ha descubierto la forma de orar cuando sube al púlpito.

¿Dónde estamos? ¿Qué estamos haciendo? Predicar es la tarea más sublime que un hombre pueda hacer y la oración va de la mano con la predicación. Predicar es una obra grandiosa, elevada. Predicar es una obra que da vida, que siembra la semilla de la vida eterna. ¡Ojalá que podamos hacerlo bien, que podamos hacerlo según la voluntad de Dios, que podamos hacerlo con éxito!

El evangelio de Jesús carece de gusto y de vida cuando es anunciado por labios que no oran o manejado por manos que no oran. Sin la oración la doctrina de Cristo degenera en ortodoxia muerta. La doctrina predicada sin la ayuda del Espíritu de Dios, que sólo llena los mensajes del predicador mediante la oración, no es más que una mera conferencia, sin vida, sin farra, sin fuerza. No vale más que un activo racionalismo o un meloso sentimentalismo. "Y nosotros persistiremos en la oración y en el ministerio de la palabra", fue el propósito definido y anunciado en el ministerio apostólico. El Reino de Dios espera de la oración; la oración da alas y poder al evangelio. Por la oración se mueve hacia adelante con velocidad y fuerza conquistadora.

El predicador de la Biblia ora. Está lleno del Espíritu Santo, lleno de la Palabra de Dios, lleno de fe. Tiene fe en Dios, fe en el Hijo de Dios, su Salvador personal, y tiene fe implícita en la Palabra de Dios. No puede sino orar. No puede sino ser un hombre de oración. El aliento de su vida y las pulsaciones de su corazón son la oración.

El predicador de la Biblia vive por la oración, ama en oración, predica por la oración. Sus rodillas doblegadas en el lugar de oración secreta hacen propaganda de la clase de predicador que es. Es relativamente fácil que los predicadores resulten tan absorbidos por los asuntos externos y materiales de la iglesia que pierdan de vista su propia alma, olviden lo necesaria que es la oración para conservar viva su propia alma para Dios, y pierdan la dulzura interior de la experiencia cristiana. La oración que enriquece nuestra predicación debe ser una oración rica. El carácter de nuestra oración determinará el carácter de nuestra predicación. La oración da forma a la predicación, la hace fuerte y le da la unción. En todo ministerio valioso, la oración ha sido siempre una tarea seria, presagio de bendiciones.

Sólo el corazón puede aprender a orar en la escuela de oración. No hay dones, ni aprendizajes ni esfuerzos mentales que puedan reemplazar el fracaso en la oración. Ni la sinceridad, ni la diligencia, ni el estudio, ni todo el servicio social, suplen su carencia. El hablar a los hombres sobre Dios podrá ser algo grande y muy recomendable, pero hablar a Dios sobre los hombres es aun más valioso y necesario.

El poder de la predicación bíblica no reside simplemente o solamente en una extrema devoción a la Palabra de Dios, en un celo apasionado por la verdad de Dios. Todas estas cosas son esenciales, valiosas, y beneficiosas, pero encima de todas esas cosas debe estar el sentido de la presencia divina, una conciencia del poder divino del Espíritu de Dios en el predicador y sobre él. Debe tener una unción, debe recibir el poder, el sello del Espíritu Santo para la gran obra de la predicación, que le haga semejante a la voz de Dios, dándole la energía de la diestra de Dios, de modo que el predicador pueda decir: "Fueron halladas tus palabras, y yo las comí; y tu palabra me fue por gozo y por alegría de mi corazón; porque tu nombre se invocó sobre mí, oh Jehová Dios de los ejércitos".

"El poder de lo alto", puede encontrarse en combinación con todos los recursos del poder humano, pero no debe confundirse con ellos ni depende de ellos ni debe ser excedido por ellos. No importa qué don, talento o fuerza especial tenga un predicador, éste no debe ser considerado lo esencial, ni siquiera destacado. Debe ser escondido, perdido, encubierto, por este "poder de lo alto". Las fuerzas del intelecto y la cultura pueden estar todas presentes, pero sin este poder interior dado del cielo, todo esfuerzo espiritual es vano y no tiene éxito. Incluso si carece de otros talentos, si tiene este poder de lo alto, el predicador no puede sino triunfar. Es la fuerza esencial, vital y más importante que un mensajero de Dios debe poseer para dar alas a su mensaje, para poner vida en su predicación, para capacitarlo para anunciar la Palabra con aceptación y poder.

Esta "unción del Santo", libera la predicación de la sequedad y de la superficialidad y le confiere autoridad. Es la cualidad básica que diferencia al predicador del evangelio de otros hombres que hablan en público; es lo que hace que un sermón sea único, distinto de la formalidad de todo otro conferenciante.

Los predicadores de esta época exceden a los del pasado en muchos, probablemente en todos los elementos humanos que hacen el éxito. Están al corriente con la época en aprendizaje, investigación, vigor intelectual, pero estas cosas no aseguran el "poder de lo alto", no garantizan una experiencia viva y próspera ni una vida santa.

Si en la congregación hay hombres que no oran, eso daña al predicador, le priva de una ayuda inapreciable e interfiere seriamente en el éxito de su labor. ¡Cómo se necesita una iglesia de oración para ayudar a la difusión de la Palabra del Señor! La congregación y el púlpito están unidos en esta dedicación a la predicación. Las dos corren parejos. Es una sociedad. Uno debe ayudar el otro, y uno puede obstaculizar al otro. Ambos deben trabajar en perfecto acuerdo o de lo contrario producirán serio daño, y el plan de Dios respecto al predicador y la Palabra predicada será derrotado.

Los hombres de la congregación que oran por el predicador son como los postes que sostienen los cables por los que corre la energía eléctrica. No son el poder, ni son los agentes específicos para dar efectividad a la Palabra de Dios, pero sostienen los cables por los que el divino poder corre al corazón de los hombres. Dan libertad al predicador, le evitan el esfuerzo excesivo, y lo protejen de enredarse con otras cosas. Las oraciones disponen condiciones favorables para la predicación del evangelio. El apóstol Pablo no quería carecer de esa importantísima cualidad del predicador del evangelio que es la agresividad. No era ningún cobarde, no quería simplemente agradar a su época ni a los hombres, pero necesitaba la oración para que ninguna clase de timidez le impidiera anunciar la verdad completa de Dios, o, por temor a los hombres, declararla en un estilo apologético y dubitativo. Deseaba alejarse lo más posible de estas actitudes. Su constante deseo y esfuerzo era anunciar el Evangelio con libertad y santa agresividad.

Si a Jacob se le hubiera satisfecho el deseo a tiempo para disfrutar una noche de descanso, quizá nunca hubiera llegado a ser el príncipe de los suplicantes como le conocemos hoy. Si el ruego de Ana por un hijo hubiera sido contestado con rapidez, la nación quizá nunca hubiera conocido el gran hombre de Dios que encontró en Samuel. Ana sólo quería un hijo, pero Dios quería algo más. Quería un profeta, un salvador, un legislador para su pueblo. Alguien dijo que "Dios debía encontrar una mujer antes de obtener un hombre." En Ana encontró esa mujer precisamente por demorar la respuesta a su oración, porque la disciplina de esperar semanas, meses y años forjó una mujer con una visión semejante a la de Dios, con el alma atemperada y el espíritu gentil y una voluntad madura, preparada para ser el tipo de madre para la clase de hombre que Dios sabía que la nación necesitaba.

W. E. Biederwolf

Capítulo siete

LAS POSIBILIDADES DE LA ORACION

Dios "nos ha dado preciosas y grandísimas promesas"; estas palabras indican claramente su gran valor y amplio alcance, fundamento en el que podemos apoyar nuestras expectativas en la oración. Por grandes y preciosas que sean, su realización, la posibilidad y condición de su realización, están basadas en la oración. ¡Qué gloriosas son esas promesas para los creyentes y para toda la iglesia! ¡Cómo brilla sobre nosotros el esplendor, la magnificencia, y la gloria sin sombras del futuro a través de las promesas de Dios! Sin embargo, estas promesas nunca florecieron ni dieron fruto de esperanza en un corazón que no orara. Ni pueden estas promesas, aunque se aumentaran mil veces en número y valor, traer la gloria del Milenio a una iglesia que no ora. La oración hace de la promesa una realidad consciente, rica y fructífera.

La oración, como una energía espiritual y manifestada en forma amplia y poderosa, abre el camino y provoca la realización práctica de las promesas de Dios. Las promesas de Dios cubren todas las cosas de la vida y de la santificación, al cuerpo y al alma, al tiempo y a la eternidad. Estas promesas bendicen el presente y se extienden en su beneficio hacia el futuro ilimitado y eterno. La oración permite mantener y disfrutar las promesas. Las promesas son los frutos de oro de Dios que pueden ser cortados por la mano de oración. Las promesas son la semilla incorruptible de Dios, que deben ser sembradas y labradas por la oración.

La promesa de Dios se ha cumplido, pero lograrlo llevó toda esa noche de oración persistente. Le llevó toda una noche de temible lucha a Jacob asegurar la promesa y lograr que diese fruto. La oración hizo la obra maravillosa. De modo que hoy en día oraciones del mismo tipo pueden producir resultados semejantes. Fue la promesa de Dios y la oración de Jacob lo que coronó y acrecentó los resultados tan maravillosamente. Nuestras oraciones son demasiado escasas y débiles para llevar adelante los propósitos de Dios o reclamar las promesas de Dios con un poder convincente. Las promesas maravillosas necesitan oraciones maravillosas para concretarlas. Las promesas que obran milagros necesitan oraciones milagrosas para realizarlas y sólo la oración divina puede hacer reales las promesas divinas o llevar adelante los propósitos divinos.

Debe subrayarse que la oración da a las promesas su eficiencia, las localiza, las apropia y las utiliza. La oración transfiere las promesas a usos prácticos y actuales.

La oración coloca las promesas como una semilla en suelo fértil. Las promesas, como la lluvia, son generales. La oración les da cuerpo, las precipita, y las particulariza para uso personal. La oración va por fe al huerto repleto de grandiosas y preciosas promesas de Dios y con la mano y el corazón escoge las frutas maduras y ricas. Las promesas, como la electricidad, pueden dar chispazos y deslumbrar, pero no pueden dar ningún beneficio hasta que esos elementos dinámicos, vivificantes, son encadenados por la oración y se transforman en las asombrosas fuerzas que movilizan y bendicen.

En este sentido, debe notarse que las promesas de Dios siempre son personales y específicas. No son generales, indefinidas y vagas. No tienen que ver con multitudes y masas de personas, están dirigidas a individuos. Tratan con las personas. Cada creyente puede reclamar la promesa como suya. Dios trata con cada uno personalmente. Cada santo puede poner a prueba las promesas. "Probadme ahora, dice el Señor." No hay necesidad de generalizar ni de perderse en lo indefinido. El santo que ora tiene derecho a poner su mano sobre la promesa y reclamarla como suya, como hecha especialmente para él, dispuesta para atender todas sus necesidades, presentes y futuras.

¡Cuán vastas son las posibilidades de la oración! ¡Qué amplias sus riquezas! ¡Qué grandes cosas se logran mediante este recurso de gracia dispuesto por Dios ! Extiende su mano sobre el Todopoderoso Dios y lo mueve a hacer cosas que de otro modo nunca ocurrirían. La historia de la oración es la historia de grandes logros. La oración es un poder maravilloso, puesto por el Todopoderoso Dios en las manos de sus santos, que puede ser usado para alcanzar propósitos grandiosos y lograr resultados increíbles. La oración alcanza todas las cosas, se apropia de todo lo grande y lo pequeño que contienen las promesas de Dios para los hijos de los hombres. El único límite a la oración son las promesas de Dios y su habilidad para cumplir esas promesas. "Abre tu boca y yo la llenaré."

Los relatos de logros de la oración estimulan la fe, alientan las expectativas de los santos y son una inspiración para todo el que quiera orar y probar su valor. La oración no es una mera teoría sin comprobar. No es un extraño y original proyecto, ideado por el cerebro de los hombres y puesto en funcionamiento por ellos, no es un invento que no se haya probado ni puesto a prueba.

La oración es un divino dispositivo en el gobierno moral de Dios, diseñado para beneficio de los hombres y dispuesto como un medio para difundir los intereses de su causa en la tierra y llevar adelante sus misericordiosos propósitos de redención y providencia.

La oración se prueba a sí misma. Los que oran pueden poner a prueba sus virtudes.

La oración no necesita otra prueba que sus resultados. "Si alguno quisiera hacer su voluntad, conocerá su doctrina." Si algún hombre quiere conocer las virtudes de la oración y quiere saber qué se logra, que ore. Que ponga a prueba la oración.

¡Qué amplitud tiene la oración! ¡Qué alturas alcanza! Es la expansión de un alma inflamada para Dios, e inflamada para los hombres. Va tan lejos como el evangelio, es tan amplia, tan compasiva y de tanta oración como el evangelio.

¿Cuánta oración requiere iluminar, impresionar y llevar hacia Dios y hacia su Hijo Jesucristo a todas estas tierras desposeídas y alineadas? Si los discípulos que profesaron a Cristo hubieran orado en el pasado como debieran haberlo hecho, los siglos venideros no hubieran encontrado a las naciones tan sumidas en muerte, pecado e ignorancia.

¡Cómo la incredulidad de los hombres ha obstaculizado el poder de la oración en la obra de Dios! ¡Cuántas limitaciones han puesto sobre la oración los discípulos de Jesucristo que no oran! ¡Cómo ha disminuído y frenado al evangelio la falta de oración de la iglesia!

Las posibilidades de la oración abren las puertas para la entrada del evangelio: "orando también al mismo tiempo por nosotros, para que el Señor nos abra puerta para la palabra." La oración abría a los apóstoles las puertas de la expresión, creaba oportunidades y abría los lugares a la predicación del Evangelio. Apelaban a Dios por medio de la oración, porque la oración hacía obrar a Dios. Por lo tanto Dios se movilizaba para hacer su propia obra de una forma más amplia y con nuevos medios. La posibilidad de la oración no sólo da gran poder, y abre las puertas al Evangelio, sino que también facilita la difusión del evangelio.

La oración hace que el Evangelio avance con rapidez y se mueva con velocidad gloriosa. El Evangelio proyectado por las poderosas energías de la oración no es lento, perezoso, ni aburrido. Se mueve con el poder de Dios, con su fulgor y con una rapidez angelical.

Las posibilidades de la oración alcanzan todas las cosas. Todo lo que concierne al mayor bienestar del hombre, y todo lo que tiene que ver con los planes y propósitos de Dios para los hombres en la tierra, es motivo de oración. En la frase "todo lo que pidiéreis", está incluido todo lo que nos atañe a nosotros los hijos de Dios. Todo lo que no está incluido en el "todo" queda fuera del alcance de la oración. ¿Dónde trazaremos la línea que limita lo que puede abarcar la palabra "todo"? Defínalo, indague, y publique las cosas que esa Palabra no incluye. Si "todo" no incluyera todas las cosas, entonces agrégale la palabra "cualquier cosa". "Si algo pidiéreis en mi nombre, yo lo haré."

Los beneficios, las posibilidades y la necesidad de la oración no son de naturaleza meramente subjetiva, sino objetiva.

La oración apunta a objetivos definidos. La oración tiene a

la vista una propósito directo. La oración siempre tiene algo específico ante los ojos de la mente. Puede haber resultados subjetivos que surjan de la oración, pero esto es secundario e incidental. La oración siempre se dirige directamente a un objetivo y busca alcanzar una meta deseada.

Orar es pedir, buscar y llamar a la puerta por algo que no tenemos, algo que deseamos y que Dios nos ha prometido.

Orar es dirigirse directamente a Dios. "En todo sean conocidas vuestras súplicas ante Dios."

La oración obtiene bendiciones y hace mejor al hombre porque llega a oídos de Dios.

La oración sólo mejora al hombre cuando afecta a Dios y le mueve a hacer algo por los hombres. La oración influye sobre los hombres al influir sobre Dios. La oración mueve a los hombres porque mueve a Dios a mover a los hombres.

La oración mueve la mano que mueve el mundo.

Las posibilidades de la oración son las posibilidades de la fe. La oración y la fe son mellizos siameses. Un corazón anima a ambos. La fe siempre está orando y la oración siempre está creyendo.

La fe debe tener una lengua con la cual poder hablar. La oración es la lengua de la fe y la fe debe recibir. La oración es la mano de la fe extendida para recibir. La oración debe elevarse y remontarse, la fe debe dar a la oración las alas para volar y remontarse.

La oración debe ser atendida por Dios. La fe abre la puerta, y obtiene acceso y audiencia.

La oración pide. La fe extiende sus manos sobre la cosa pedida. La oración no es algo pequeño o indiferente, no es un pequeño y dulce privilegio, es una gran prerrogativa, cuyos efectos llegan muy lejos. El fracaso en la oración implica pérdidas que van mucho más allá de la persona que descuida la oración.

La oración no es un mero episodio en la vida cristiana. Más bien, toda la vida es una preparación y un resultado de la oración. La fe es el canal de la oración y la fe le da alas y rapidez.

La oración es el pulmón por el que respira la santidad.

La oración no es el único lenguaje de la vida espiritual, sino que constituye su verdadera esencia y forma su carácter.

> "Quiero una fe que no mengue aunque la presionen mil enemigos; quiero una fe que no tiemble ante ningún enemigo terrenal. Señor, dame una fe madura, y entonces, no importa lo que ocurra, gustaré aun aquí gloria sin par de mi eterno hogar."

El que tiene un espíritu de oración es el que más se interesa en las cortes del cielo. Y la única forma de retenerlo es mantenerlo en constante uso. *La apostasía comienza en la recámara*, ya que ningún hombre que haya persistido en su oración privada con constancia y fervor ha sido un apóstata. "Aquel que ora sin cesar seguramente se regocija cada vez más" —Adam Clark.

La oración es el remedio universal para todos los males. La oración pura sana todas la enfermedades, alivia todas las situaciones, no importa cuán peligrosas, calamitosas, temibles y desesperantes. La oración a Dios, la oración pura, alivia situaciones temibles porque Dios puede aliviar cuando nadie más puede hacerlo. Nada es imposible para Dios. Ninguna causa de la que Dios se haga cargo es una causa sin esperanza. Ningún caso es mortal cuando el Todopoderoso Dios es el médico. Ninguna condición desesperante puede derrotar o hacer desistir a Dios.

Jacob es un ejemplo perdurable de las fuerzas vencedoras y conquistadoras de la oración. Dios vino a él como un contrincante. Asió a Job y lo sacudió como si estuviera preso en los brazos de un enemigo mortal. Jacob, el suplantador mentiroso, el comerciante astuto e inescrupuloso, no tenía ojos para ver a Dios. Sus principios pervertidos, su ambición deliberada y su mala conducta le habían cegado.

Alcanzar a Dios, conocerle, conquistarle, era la exigencia de esta hora crítica. Jacob estaba solo, y toda la noche fue testigo de la intensidad de la lucha, de sus momentos alternantes, de la fortuna variable, de las líneas de avance y retroceso en el combate. Aquí se encontraban la fortaleza y la debilidad, el poder y la desesperación, la energía y la perseverancia, la elevación de la humildad y la victoria de la entrega. La salvación de Jacob surgió de las fuerza que forjó aquella noche de combate.

Jacob oró y lloró e insistió hasta que el varón de Dios le bendijera. Su nombre, su carácter y su destino fueron transformados en esa noche completa de oración. Aquí está el resumen de esa noche de conflicto: "... has luchado con Dios y con los hombres, y has vencido." "... y con su poder venció al ángel (Dios). Venció al ángel y prevaleció."

¡Cuánta fuerza reside en la oración persistente! ¡Qué resultados extraordinarios se obtienen en una noche de lucha en oración! Dios cambia su actitud y el carácter y destino de los hombres resulta transformado.

"Satanás no teme a nada más que a la oración. La iglesia que había perdido a Cristo estaba llena de buenas obras. Las actividades se multiplican hasta anular la meditación; las organizaciones aumentan hasta que la oración pierde posibilidades. Las almas pueden perderse por buenas obras lo mismo que por caminos de maldad. *La preocupación central del diablo es alejar a los santos de la oración.* No teme en absoluto a los estudios carentes de oración, al trabajo sin oración, a la religión sin oración. Se ríe de nuestro esfuerzo, se burla de nuestra sabiduría, *pero tiembla cuando oramos.*" —Samuel Chadwick.

La promesa dice —y nunca nos cansaremos de repetirla, ya que es la base de nuestra fe y el fundamento sobre el cual nos hallamos al orar—: "Y todo lo que pidiereis en oración, creyendo, la recibiréis." ¿Qué catálogo puede tabular, clasificar y agregar algo a "todas las cosas"? Las posibilidades de la oración y la fe llegan hasta el fin de una cadena interminable, y cubren el espacio inconmensurable. La oración en sus legítimas posibilidades alcanza hasta Dios mismo. La oración nace no sólo de la fe en la promesa de Dios, sino de la fe en Dios mismo, y de la fe en la capacidad de Dios. La oración no surge sólo de la promesa, sino que obtiene promesas y crea promesas. Si los cristianos oraran como deben orar los cristianos, con una fe fuerte y dominante, con honestidad y sinceridad, los hombres, los hombres llamados por Dios, hombres en todas partes que recibieran poder de Dios estarían anhelantes por salir a difundir el Evangelio en todo el mundo. La Palabra del Señor correría y sería glorificada como nunca antes. Los hombres influenciados por Dios, los hombres inspirados y comisionados por Dios, irían a avivar la llama del fuego sagrado para Cristo, la salvación y el cielo, en todas las naciones, y pronto todos los hombres oirían las buenas de la salvación y tendrían oportunidad de recibir a Jesucristo como su Salvador personal. Leamos otra de las afirmaciones amplias, ilimitadas de la Palabra de Dios que es un desafío directo a la oración de fe. "El que no escatimó ni a su propio Hijo, sino que lo entregó por todos nosotros, ¿cómo no nos dará también con él todas las cosas?"

¡Qué fundamento tenemos aquí para la oración y la fe —ilimitable, inconmensurable en su amplitud, su altura y su profundidad! La promesa de darnos todas las cosas está respaldada por el aviso a nuestra memoria del hecho de que Dios generosamente nos dio su Hijo Unigénito para redimirnos. El habernos dado a su Hijo es la seguridad y la garantía de que libremente dará todas las cosas a quien cree y ore.

Las posibilidades de la oración están afirmadas en los hechos y en la historia de la oración. Los hechos son cosas inflexibles. Los hechos son cosas reales. Las teorías pueden ser meras especulaciones y las opiniones pueden estar totalmente equivocadas. Hay que remitirse a los hechos, que no pueden ser ignorados. ¿Cuáles son las posibilidades de la oración a la luz de los hechos? ¿Cuál es la historia de la oración? ¿Qué nos revela? La oración tiene una historia, escrita en la Palabra de Dios y registrada en las experiencias y vidas de los santos de Dios. Podemos pasar por alto la verdad si pervertimos la historia, pero la verdad está en los hechos. Dios se revela a sí mismo en los hechos de la historia religiosa. Dios nos enseña su voluntad en los hechos y los ejemplos en la historia bíblica. Los hechos de Dios, la Palabra de Dios y la historia de Dios están todos en perfecta armonía, y tienen mucho de Dios en ellos. Dios ha gobernado el mundo mediante la oración, y Dios aun gobierna el mundo por el mismo medio divinamente ordenado.

Pablo da diversos términos de oración, súplica y acción de gracia, como complemento en la verdadera oración. El alma debe ocuparse de todos esos ejercicios espirituales. No debe existir la oración a medias, no debe disminuirse la naturaleza de la oración ni reducir su fuerza, si queremos liberarnos de la indebida ansiedad que nos produce roces y molestias interiores, y si queremos recibir el rico fruto de la paz que sobrepasa todo entendimiento. El que ora debe ser un alma sincera, completa en sus atributos espirituales.

La oración bendice todas las cosas, obtiene todas las cosas, cree todas las cosas y previene todas las cosas. Todas las cosas, lo mismo que todos los lugares y todas las horas deben ser encomendadas a la oración. La oración tiene en sí misma la posibilidad de afectar todo lo que nos afecta a nosotros. Aquí están las ilimitadas posibilidades de la oración. ¡Cuánto se endulza la amargura de la vida mediante la oración! ¡Cómo se fortalecen los débiles mediante la oración! La enfermedad huye ante el remedio de la oración. Las dudas, los recelos, y los temores desaparecen ante la oración. La sabiduría, el conocimiento, la santidad y el cielo mismo están a las órdenes de la oración. Nada queda fuera del alcance de la oración, puesto que tiene el poder de ganar todas las cosas en la providencia de nuestro Señor Jesucristo. Pablo cubre todos los aspectos y barre el campo completo de los intereses, condiciones y acontecimientos humanos al decir "Orando por todo."

La afirmación general: "La oración eficaz del justo puede mucho", señala a la oración como una enérgica fuerza. Se usan dos palabras, una significa poder en ejercicio, poder operativo, mientras que la otra es el poder como un don. La oración es poder y es fuerza, un poder y una fuerza que influye sobre Dios y es saludable, amplio alcance y maravillosa en sus beneficios para con el hombre. La oración afecta a Dios. La capacidad de Dios de obrar para el hombre es la medida de la posibilidad de la oración.

> "Si vienes ante el Rey tráele muchas peticiones; tal es su gracia y poder, que nunca pedirás demasiado."

Es la oración contestada la que saca a la oración del reino de las cosas secas y muertas y la transforma en algo lleno de vida y poder. Es la respuesta a la oración la que hace que las cosas sucedan, la que cambia el orden natural de las cosas, y dispone las cosas de acuerdo a la voluntad de Dios. Es la respuesta a la oración la que saca a la oración de las regiones del fanatismo, la que la salva de ser una utopía, o de ser algo meramente imaginario. Es la respuesta a la oración la que hace que sea un poder para Dios y para el hombre, y hace a la oración real y divina. Las oraciones no contestadas son escuelas para entrenar la incredulidad, una imposición sin sentido, una molestia para Dios y para el hombre.

Las respuestas a la oración son la única seguridad de que hemos orado correctamente. ¡Qué maravilloso poder hay en la oración! ¡Qué milagros indecibles obra en el mundo! ¡Qué beneficios inimaginables produce para quienes oran! ¿Por qué es que la mayoría de los que oran se lo pasan implorando una respuesta?

La respuesta a la oración es la parte de la oración que glorifica a Dios. Las oraciones no contestadas son como oráculos sordos que dejan a los que oran en la oscuridad, la duda y la perplejidad, y no producen ninguna convicción en el incrédulo. No es el acto ni la actitud de orar lo que da eficacia a la oración. No es la abyecta postración del cuerpo ante Dios, la vehemente o silenciosa expresión a Dios, ni la belleza exquisita y poética de la dicción de nuestra oración las que logran resultados. No es la maravillosa argumentación ni la elocuencia de la oración lo que la hace efectiva. Ni una ni todas estas cosas son las que glorifican a Dios. Es la respuesta la que da gloria a su nombre.

La oración contestada nos hace ricos y fuertes, buenos y santos, bondadosos y benignos. No es simplemente el gesto, la actitud ni las palabras de la oración lo que nos trae beneficio, sino la respuesta enviada directamente desde el cielo. Las respuestas reales y seguras a la oración nos traen verdadero bien. Esto no significa orar para uno mismo o con propósitos egoístas. El carácter egoísta no puede existir cuando se cumplen de lleno las condiciones de la oración.

Las maravillas del poder de Dios sólo se mantienen vivas, se hacen reales y presentes y sólo se repiten por la oración. Si Dios no es tan evidente hoy en el mundo, si sus manifestaciones no son tan poderosas como en otros tiempos, no es porque hayan terminado los milagros ni porque Dios haya dejado de obrar, sino porque la oración ha sido despojada de su sencillez, su majestuosidad y su poder. Dios aún vive y actúa, porque los milagros son la forma de obrar de Dios. La oración resulta empequeñecida, marchitada y petrificada cuando la fe en Dios es sacudida por el temor o por la duda en su capacidad. Cuando la fe tiene una visión telescópica y distante de Dios, la oración no obra milagros, no produce liberaciones maravillosas, pero cuando se ve a Dios con la mirada cercana de la recámara, la oración produce una historia de maravillas.

Tomemos otro hecho que muestra las maravillas de la oración operadas por el Todopoderoso Dios en respuesta a la oración de su fiel profeta. El pueblo de Dios había apostatado temiblemente en su mente, en su corazón y en su vida. Un hombre de Dios fue hasta el rey apóstata, con un temible mensaje que significaba tanto para la tierra: "No lloverá ni habrá rocío en estos años salvo por mi palabra." ¿De dónde viene esta fuerza prodigiosa que puede detener las nubes, sellar la lluvia, retener el rocío? ¿Quién es el que habla con tanta autoridad? ¿Hay en la tierra alguna fuerza capaz de lograr esto? Sólo una, y es la fuerza de la oración, sostenida en las manos de un profeta de Dios que sabe orar. Es él quien puede influir en Dios y con Dios a través de la oración, y de esta manera se atreve a asumir tal autoridad sobre las fuerzas de la naturaleza. Este hombre Elías es habilidoso en el uso de tan tremendo poder. "Y Elías oró intensamente y no llovió en la tierra durante tres años y seis meses."

Dios está en todas partes, mirando, supervisando, controlando, gobernando todo para beneficio del hombre y llevando adelante y poniendo en marcha sus propósitos respecto a la creación y a la redención. No es un Dios ausente.

> "Derramen sus almas ante Dios, humillen todo su ser, oren por la paz de Sion postrando su corazón y sus manos. Sus líderes y hermanos sean motivo de oración extiendan brazos que oren por dar a todos salvación."
>
> —Charles Wesley

www.ingramcontent.com/pod-product-compliance
Ingram Content Group UK Ltd.
Pitfield, Milton Keynes, MK11 3LW, UK
UKHW020813120325
456141UK00001B/75

* 9 7 8 1 6 0 2 5 5 3 5 9 0 *